JN260523

『石山寺の信仰と歴史』正誤表

頁	行	誤	正
九	九	別格本山	大本山
	一〇	（七巻、うち四巻は重文）	（七巻／重文）
一〇	一二	［『不空羂索神変真言経』のルビ］ ふくうけんじゃくじんへんしんごんきょう	ふくうけんじゃくじんぺんしんごんきょう
五三	一二	三十三番札所	十三番札所

石山寺の信仰と歴史

鷲尾遍隆 監修
綾村 宏 編集

思文閣出版

序

大本山石山寺は、天平の昔、聖武天皇の勅願により、良弁僧正が開基されました。当寺に伝わる「石山寺縁起絵巻」（重要文化財）によると、ここ石山の地は八葉の蓮華の形をした巌があり、紫雲が常にたなびいて瑞光がしきりに輝いている場所であったといいます。まさに観世音菩薩が垂迹されるにふさわしい勝地であったといえるでしょう。

以来一二五〇余年の永きにわたり、当寺は本尊如意輪観世音菩薩の霊験あらたかな寺として、皇族から庶民にいたるまで厚い尊崇と深い信仰を集めてまいりました。また、学問の寺として、研鑽を積んだ多くの学僧たちによって膨大な経典・聖教類が守り伝えられてきた一方、多くの文学者が訪れて作品の舞台としたことから文学の寺としても知られております。

このような当寺の信仰や歴史、文化財について、このたび、第一線でご活躍の諸先生方に紹介、解説して頂く機会に恵まれました。奇しくも本年は、紫式部が当寺に参籠し起筆したと伝えられる『源氏物語』が、初めて世に知られてからちょうど一千年となります。この記念すべき年に、本書が石山寺の豊穣な歴史や伝統への関心と理解をより深めて頂くようすがとなりましたら、これ以上の喜びはありません。

本書の刊行にあたって、ご尽力賜りました関係者各位に謝意を表します。

平成二十年一月

石山寺第五十二世座主　鷲尾遍隆

石山寺全景（航空写真）

目次

第六章　聖教の伝承

［注］重要文化財→重文、県指定有形文化財→県指定と略記

石山寺の信仰と歴史

第一章　観音信仰と巡礼の寺

頼富本宏

近江湖南の名刹・石山寺は、風光明媚な自然環境に恵まれているのみならず、地理的にも、古代から飛鳥京や平城京の政治・文化が北上し、のちの新都・平安京に入るルートと、さらに北あるいは東北へと展開して、若狭や近江東部へ伝播するルートの重要な結節点にあったようである。

石山寺の長い歴史と、豊かで内容に富む美術品や文化財、多様な建造物、さらには『源氏物語』の構想の機縁となったとされる文学上の著名な参詣地、そして『石山聖教』の総称で今も汗牛《かんぎゅう》充棟《じゅうとう》の一切経・聖教。これらの詳細については、それぞれの領域の専門家から解説がなされるので、この章では、いわば総論として「石山寺の信仰」を巨視的立場からとらえる。そのためにも、まず最初に、以下の三項目を基準軸として、同寺が広く人びとに信仰された内容と意義を抽出しておきたい。

(1)観音信仰　(2)石山流の法流　(3)石山寺の法会

観音信仰の寺

周知のように、現在の石山寺は、平安時代中・後期のころにその体系がほぼ成立した西国三十三所観音霊場の第十三番札所である。

図１　石山寺境内　珪灰石（天然記念物）

その御詠歌は、

　後の世を願う心は軽くとも　仏の誓い重き石山

とあるように、本尊・如意輪観音《にょいりんかんのん》（秘仏）の功徳《くどく》を詠じたものであるが、近年の研究では、本尊が「如意輪観音」と特定されたのは、早い資料でも平安中期の『三宝絵詞《さんぼうえことば》』などであり、それまでは単に「観音菩薩」、もしくは多臂《たひ》の変化《へんげ》観音と区別して「聖観音菩薩《しょうかんのんぼさつ》」と呼ばれていたと思われる。

　もっとも、後述するように、石山の内供《ないく》（宮中参内を許された高僧）・淳祐《しゅんにゅう》（八九〇～九五三）が入寺して少し後に、師僧の観賢《かんげん》（八五三～九二五）、観賢の師、すなわち淳祐からいえば祖父師にあたる聖宝《しょうぼう》（八三二～九〇九）という醍醐寺系の法脈と尊格信仰が伝わったことにより、「石・岩」との関連が深い六臂《ろっぴ》如意輪観音の影響が強く窺われるようになる。

　そして、創建段階の尊像も、単なる「観音菩薩」ではなく、如意輪観音の初期的タイプ、すなわち二臂《にひ》如意輪観音ではなかったかとみなされていくのである。

　本尊像に対するより詳細な考察は第三章に譲るが、「如意輪観音の寺」としての石山寺の成立は、一一世紀ごろまで時代が下るかも知れないものの、古来、「観音信仰の寺」であることに何人も疑いをはさむ余地はない。
琵琶湖から流れ出る瀬田川の河辺の名刹《めいさつ》・石山寺を、奈良時代から現在にいたる一千数百年もの間、参詣の寺として支え続けてきたのは、一言で表現すれば「観音信仰」であると特徴づけることができる。

観音信仰の成立と展開

ただし、観音信仰と総称しても、その範囲と歴史的発達段階はともに幅広く、かつ時代的変化も少なくないので、ひとまず巨視的立場から「慈悲の菩薩・観音」の信仰のされ方を、インドで成立して以来、中国・朝鮮半島を経てわが国に伝わり、平安時代後期にいわゆる三十三所観音霊場として制度化されるまでの重要な展開を、簡略にたどっておきたい。

数ある仏教のほとけのなかで、観音菩薩こそが最も広く親しまれ、かつ信仰されているほとけだといっても過言ではない。その誕生は、釈尊《しゃくそん》時代まではさかのぼらないものの、紀元一世紀ごろにはすでに『法華経』「普門品」（のちに『観音経』として独立）に登場し、信仰者が盗賊や猛獣などの災難に遭遇した時に、数々の化身を顕して人びとを救済するという、大いなる慈悲のほとけとして活躍している。

「さとりを求める存在」たる大乗菩薩の代表ともいうべき観音は、『法華経』に少し遅れて成立する、極楽浄土などの他方多仏（多くの別の世界に、それぞれ仏が説法をしているとする思想）を説く浄土経典にも、本尊・阿弥陀如来の脇侍《きょうじ》（本尊の両脇にしたがうほとけ）の一尊として登場した。

母国のインドでは、観音菩薩はその後、

(1)単独尊としての諸難救済

(2)三尊仏、八大菩薩などの集合尊（グループ尊）

(3)密教化した変化観音

という三種の流れを形成しながら、仏教の信仰とそれを造形化した仏教美術のうちに、その姿を顕示することになる。

インドの仏教を受容し、それぞれの文化圏に即したかたちに展開させた中国・チベット・日本などにおいて、この三種の流れが地域的・歴史的要因によって多少の変容を遂げながらも、多様な観音菩薩信仰とその美術を生み出していったのである。

上代の観音信仰

朝鮮半島を経由して、わが国に仏教が伝来したのは、六世紀前半のころといわれる。その母胎となった百済《くだら》仏教は、個人の解脱《げだつ》をめざすとともに、現世の安穏と来世の往生をいずれも祈願する大乗仏教であったので、経典・論書だけでなく、仏像や仏具、そして僧侶を具備したかたちで日本に伝わったはずである。この仏教初伝時に、あるいは少し遅れて観音菩薩の信仰や造形も伝来していたのだろうか。

中国では、雲崗石窟《うんこうせっくつ》などで五世紀末（太和七年＝四八三）の銘記のある観音像が認められることから、鳩《く》摩羅什《まらじゅう》訳『妙法蓮華経』の普及もあって、遅くとも五世紀後半には、観音像が制作されていたと考えられる。また、朝鮮半島の三国（新羅・百済・高句麗）においても、中国仏教の影響を受けて、釈迦如来のほかにも阿弥陀如来や観音菩薩の信仰があったことが文献資料から復元できるが、現存する石像・金銅仏像のなかに、七世紀をさかのぼる観音像の作例はほとんどない。その理由は、のちに観音像を特定するための根拠とされる、『観無量寿経《かんむりょうじゅきょう》』などに説かれる頭頂《とうちょう》の化仏《けぶつ》（小仏像）を表現した例がみられないことによる。

このため、当時の東アジア仏教の状況から鑑《かんが》みると、仏教初伝からほどなくして観音信仰が日本に伝わり、現在にみるような信仰の広まりを一気にみせたものと考えるのが妥当であろう。

広義の奈良時代の観音像を示す古い作例として、古来、法隆寺に伝わる救世《ぐぜ》観音と百済観音の両像（いずれも国宝）をとりあげることが多い。とくに、前者の夢殿本尊にして秘仏の救世観音は、両手で宝珠《ほうしゅ》を撫《ぶ》すしぐさをとる。この姿は、中国の図像表現形式とは直接の関係が少なく、百済の造像のなかに類似する姿をみつけることができる。

また、中世以降、異常なほどの高まりをみせた聖徳太子信仰の対象となったのが、すでに天平宝字五年（七六一）の『法隆寺東院資財帳』に確認できる「上宮王等身観世音菩薩木造一軀《じょうぐうおうとうしんかんぜおんぼさつもくぞういっく》」にあたるとすれば、日本における仏像造像の初期に制作された観音像となろう。ただし、朝鮮半島における初期の観音像作例と同様に、観音の図像的特徴たる頭頂の化仏は認められない。

一方の法隆寺百済観音堂に安置される長身の通称・百済観音像は、金銅透彫《こんどうすかしぼ》り宝冠の正面に化仏が毛彫りされ、しかも左手に水瓶をとる姿である。また、正面性が強くて奥行が薄いやや硬直した身体表現から、中国北斉期造型以後の作風を伝えるとされ、現在は東京国立博物館に保管される法隆寺献納宝物中の数体の観音像（大部分は唐代の作例）と比較しても、明らかに古様を保っている。

このように、七世紀ごろから造像され始めたと考えられる観音像は、図像的には化仏を次第に具備するようになるが、造像の目的としては、中国や百済の諸仏像と同じく、有縁の者の追善供養を主とし、あわせて六道《ろくどう》世界を輪廻《りんね》転生する衆生の正覚《しょうかく》（解脱）を祈るという通仏教的な願いであった。

変化観音の流行

さらに、平城京に都が移るころになると、留学僧や渡来僧たちによって、新しい観音経典とそれにもとづく造像がもたらされるようになる。新来の観音像は、インドにおける密教の隆盛と呼応して、救済の力を増大するために多数の顔や手を持ち、あるいは羂索《けんじゃく》（縄）や宝珠などの象徴的な持物《じもつ》に特徴づけられる表現をとるようになる。

このような密教化（厳密には古密教化）した観音を「変化観音《へんげかんのん》」と一般に総称する。日本では、まず十一面・千手・不空羂索・如意輪の四種の観音が、それぞれの神秘的な呪句《じゅく》（陀羅尼《だらに》）を説く経典とともに伝来し、折しも顕在化し始めた神仏の習合や、自然界を代表する霊木信仰、さらには山林修行の実践などの諸要素と結びついて、急速にその信仰が広まった。

なお、「密教の観音」と規定するためには、単に超越的な変化の姿を表現するだけではなく、必ず特有の陀羅尼を備えることが必要とされる。

なかでも十一面観音は、観音経典のルーツともいうべき『法華経』「普門品」（『観音経』）に説かれる「普門」（あらゆる方向を向いていること）を具体的に十方の「門」（顔）として表現し、元来の本面と合わせた十一面が完成することから生じた観音である。無論、変化観音としては最も古いタイプであり、七世紀から八世紀にかけて、広く人びとの信仰を集めた。

とくに南都仏教では、華厳宗《けごんしゅう》僧であり、東大寺二月堂の修二会《しゅにえ》を始めたと伝えられる実忠和尚《じっちゅうわじょう》（七六二〜？）などの信仰もあって、十一面観音に対して罪を懺悔し、現当二世《げんとうにせい》（現世と来世）の功徳を願う十一面悔過《けか》の修法が定例化され、それがいわゆる「お水取《みずと》り」として今に続いている。

十一面観音は、奈良時代後期から次第に顕在化してきた神仏習合、すなわち土着神との共存関係をはかるほとけとしても活躍し、白山《はくさん》を開いたとされる泰澄《たいちょう》（六八二〜七六七）や播州（播磨）のいくつかの山寺を開いた法道《ほうどう》などとのつながりもあったと考えられる。

十一面観音を説いた『十一面神呪心経《しんじゅしんきょう》』には、巻末に一〇種の現世利益的な功徳と四種の来世往生《らいせおうじょう》的な果報について示すが、これは『観音経』以来の現実の諸難救済と『無量寿経』に説く浄土往生を密教によって総合止揚《しよう》したものであり、これによって日本仏教のその後の在り方がほぼ決定づけられたともいえる。

奈良から平安にかけて、時代と仏教が変化していくこの時期に、変化観音のなかでも大きな役割を果たした観音として、不空羂索と千手をあげることができる。「効果ある縄」である不空羂索という持物《じもつ》をシンボルとする前者の観音は、インドでもヒンドゥー教の要素を濃く導入した密教的観音として東インドを中心に篤く信仰され、中国を通じて日本にも早い時期にもたらされた。

大仏建立の少し前、天平一八年（七四六）ごろの造立とされる東大寺法華堂（三月堂）の一面三目八臂《いちめんさんもくはっぴ》の脱活乾漆像《だつかつかんしつ》（国宝）が最も有名であるが、ほかにも天平勝宝五年（七五三）、五度の失敗を乗り越えてようやく日本に到着した鑑真和上《がんじんわじょう》（六八八～七六三）の寺である唐招提寺にも、二軀の木彫不空羂索観音《ふくうけんじゃくかんのん》像が伝わっている。

図２　興福寺南円堂様の不空羂索観音（『別尊雑記』）

平安時代になると、藤原氏の氏寺《うじでら》である興福寺南円堂《なんえんどう》の本尊像として、三目八臂《さんもくはっぴ》像が制作されたが、左肩に鹿皮を掛けるなどの特異性が強調されたことと、権力を得た藤原北家の守り仏という特殊性も相まって、後述の「六観音」を除いては庶民化しなかったようである。

不空羂索と同様、やはりインドの神（シヴァ神とインドラ神）の要素を導入した千手観音は、天平五年（七三五）の戻り遣唐使船で帰朝した玄昉《げんぼう》（？～七四六）によって『千手千眼観世音菩薩大悲心陀羅尼経《せんじゅせんげんかんぜおんぼさつだいひしんだらにきょう》』などの千手経典とともに伝えられ、その功徳を願う千巻写経というかたちでも日本に定着した。また、唐招提寺や葛井《ふじい》寺では、実際に千本の手が表現された古式の千手観音が造像され今に伝えられるが、より信仰を集めたのは、平安時代に天台密教によって密教曼荼羅のうちの蓮華部《れんげぶ》（観音部）の主尊とされて以来というべきだろう。そのころから、いわゆる四十二臂型の千手観音像が流行し、わが国の千手観音信仰の主流となっている。

建立の縁起と本尊

現在、石山寺は東寺真言宗に属する別格本山であるが、その創建由来については、鎌倉時代末期の正中年間（一三二四～二六）の作と伝える『石山寺縁起絵巻』（七巻、うち四巻は重文）の冒頭において、次のようにその創建縁起が説かれている。

奈良時代、聖武天皇発願《ほつがん》の東大寺大仏造営にさいし、鍍金《ときん》のために膨大な量の黄金が必要となった。良弁《ろうべん》僧正（六八九～七七四）は天皇の命を受けて、大和の金峯山《きんぶせん》に籠もり、黄金発見を祈願したところ、夢に金峯山の蔵王権現《ざおうごんげん》が出現した。「近江の国の瀬田《せた》に山がある。この山は霊地であるから、ここで祈願すれば、必ず黄金を得ることができる」という夢告に従って、良弁は近江国に赴いた。比良明神《ひらみょうじん》の化身である老翁に巡り会って、石山の地こそが霊地であることを知った良弁は、巨岩の上に天皇より賜った如意輪観音像を安置して草庵を結び、連日祈禱を行った。しばらくすると、陸奥《むつ》国から黄金が発見されて天皇へ献上され、無事に大仏が完成したので観音像を移動しようと試みたが、不思議なことに像は岩上より離れなかった。その後、巨岩の地に如意輪観音を本尊とする寺が創建され、その寺を同地の外観から石山寺と称するようになったとある。

この縁起譚は、中世のなかごろに各古刹・名刹の縁起が成立し、加えて絵画資料として視覚化された時期に、それまでの宗教史・文化史的な諸要素を整理し、さらに他の要素を付加して生じたものであって、一部には後世の付加的要素が散見される。

歴史的な建立の過程等については、個別の章に詳しい紹介があるが、文献史学、実証科学的な立場からいえば、古代交通の要衝であり、しかも珪灰石《けいかいせき》の異様な岩塊からなる石山を理想の聖地とみなして、そこに仏像を安置したのが、おそらく前身寺院の起こりであったと推測される。

そのさい、本尊として「観音菩薩」が選ばれたのは、東大寺を中心に影響力を増してきた『華厳経』に、観音菩薩の仏国土である「補陀洛山《ふだらくせん》」（旧訳である『六十華厳経』では「光明山《こうみょうせん》」）が説かれ、奈良時代に写経された『不空羂索神変真言経《ふくうけんじゃくじんへんしんごんきょう》』などにも、観音浄土たる補陀洛山について詳しく言及されてきたことと無関係ではあるまい。

ちなみに、近年、東インド・オリッサ州の仏教遺跡から、背板に岩山からなる補陀洛山（ポータラカ）の様子を表現した巨大な観音菩薩像が少なからぬ数発見され、報告されている。

さて、史料によると、小規模な堂宇《どうう》から出発した原《げん》・石山寺は、天平宝字五年から六年（七六一～七六二）にかけ、大規模な伽藍整備を受けた。この時、造東大寺司の下に造石山寺所が設けられ、その別当として東大寺司主典の安都宿禰《あとのすくね》雄足《おたり》が任じられた。

もちろん、『石山寺縁起絵巻』に説かれるように、東大寺の実力僧・良弁も石山寺の造営に深く関与していたはずである。天平年間を中心とする狭義の奈良時代における観音信仰は、『法華経』(『観音経』)系のものよりも、『華厳経』を通して、それを密教化した変化観音経典にもとづくものが大勢を占めていたのである。

初期、つまり奈良期から平安時代前期にかけての史料には、石山寺の観音像を「如意輪観音」と規定するものはないということは先に言及した通りだが、ここで本尊像について、必要最小限の範囲でふれておこう。同寺の歴史を考察する上での古くからの大問題であるので、詳しくは第三章を参照されたい。

新・石山寺というべき天平宝字五年(七六一)に着手された伽藍整備のさい、『正倉院文書』に記録するように、珪灰石塊上に作られた儀座《ぎざ》の上に塑造(粘土製)の丈六《じょうろく》(一丈六尺、坐像の場合は原則として半分の大きさ)の観音像が造立された。この初代本尊像は、原型の形像としては伝わっていないが、同寺に少なからず遺存する古代の塑像片のなかに部分的に残っている可能性もある。

江戸時代に石山寺の記録や古文書を整理した尊賢《そんけん》の『石山要記』によれば、治承二年(一〇七八)正月に起きた仏堂の火災後、天平古像は損傷しつつも残り、建暦元年(一二一一)までは現存していたが、ついに崩壊した。そして寛元三年(一二四五)、当時の座主・実位《じつい》が、かつて天平古像の胎内に納められていたと思われる金銅仏四軀を奉請し、これに新たに東寺から得た仏舎利三粒と合わせて厨子《ずし》に入れ、新造の木造如意輪観音像に納入した。

現在の秘仏本尊がこれにあたることは疑いなく、現に平成一四年(二〇〇二)八月、石山寺開基(良弁)の一二五〇年を記念して、勅封の秘仏本尊の宮殿が開扉された時、像内背面上部に厨子が確認され、内部か

図3　本尊如意輪観音像

ら記録通り四軀の鋳造仏像と五輪塔一基が現れた（第三章図2〜6参照）。四軀のうちの二軀はいずれも頭部に化仏を表現していることから、観音菩薩と判断してよかろう。

しからば、伝承の「岩上の金銅仏」という言葉は、四軀のうちの二軀のいずれかを指すとも考えられ、石山寺の本尊観音像の変遷は、鋳造像、塑像、そして平安時代後期に制作された現存の木造像であると考えて大過ないだろう（第三章図1も参照）。

なお、いささか専門的な考察に入る嫌いがあるが、石山寺の本尊観音像を語る場合、どうしても避けて通れない点がある。それが、「二臂如意輪観音《にひにょいりんかんのん》」という図像的な特徴である。

秘仏ではあるが、一二年に一度開扉されるこの現本尊は、蓮華座上に左脚を垂下し、小蓮華座に安んじ、右手第一・二指を捻《ちっ》して、蓮肉上に如意宝珠を載せる蓮華を執る。左手は左膝上に掌を上向きに置く。この姿は、平安時代末の東密僧、心覚《しんかく》（一一一七〜一一八〇）の撰になる『別尊雑記』の「石山寺如意輪観音像」と一致する（図4）。

ほぼ同様の図像をとる奈良時代作の伝如意輪観音像としては、有名な岡寺（龍蓋寺）の塑造観音菩薩像と、東大寺大仏殿脇侍の木造観音（もしくは菩薩）像があり、すでに藤原末期から鎌倉初期の図像資料に列挙されている。また、石山寺に伝わる平安時代前期にさかのぼると思われる木造如意輪観音坐像（旧御前立ち

図4　石山寺観音像（『別尊雑記』）

像）も、ほぼ同様の姿をとるが、現本尊などが持つ右手の蓮華《れんげ》とその上の宝珠は、後述する六臂像が進出してからの影響によるものと考えたい。

　これまであまり注目されてこなかった二臂如意輪観音像については、唐・菩提流支《ぼだいるし》訳『如意輪陀羅尼経《にょいりんだらにきょう》』に図像的言及がある。ちなみに、この経典は『西大寺資財帳』にその名を見い出すことができる。ただし、すでに『図像抄』（『十巻抄』）で、撰者の恵什《えじゅう》によって注記されているように、石山寺の如意輪観音像とは持物・印相が一致しない。

　したがって、石山寺のかつての本尊であった塑造観音像は、いつごろからいかなる理由で「如意輪観音」とされたかは、岡寺像や東大寺大仏脇侍像など、時代的に近い作例との関連の解明が急がれるところである。

　また、傍論となるが、日本以外でみられる二臂如意輪観音の作例についての言及は、これまでなかったに等しい。ところが近年、東インドを中心として、六臂だけではなく、二臂の如意輪観音と考えられる作例が紹介され始めた。とくに、筆者とその研究グループが見い出すこととなったマハーナーディ河上流域のシルプル出土の小像は、バングラデシュやインドネシア出土作例と比較して、その持つ意義は大きいと考えている。

平安密教と観音信仰および観音霊場の成立

平安時代初期、遣唐使船で入唐した空海と最澄によって本格的に請来された密教は、真言宗と天台宗という宗派仏教として、平安京から全国に弘まった。とくに、空海が師・恵果《けいか》和尚《かしょう》から授かったのは、胎蔵曼荼羅《たいぞうまんだら》と金剛界曼荼羅《こんごうかいまんだら》を一具とする体系的な密教（両部密教）であった。

大乗仏教から生まれた観音菩薩は、両部の一翼である胎蔵曼荼羅において、本尊の大日如来《だいにちにょらい》の右脇侍というポジションを得るとともに、不空羂索・如意輪・馬頭《ばとう》などの変化観音を中心とする集合尊（グループ尊）を築きあげ、それらは蓮華部（もしくは観音部）と称された。

さらに密教化が進んだ金剛界曼荼羅においては、顕教のほとけであった観音が、灌頂を受けて「金剛法」という密教名を得ることになる。また、経典中で「蓮華（ハス）の花を開く仕草」をするという図像的規定を得たことによって、平安時代以降の通軌の観音像は、聖観音《しょうかんのん》と呼ばれる一面二臂の標準的観音を中心に、左手に持つハスの花に右手を添えて開かせるポーズをとるようになったのである。

六種の観音像

仏教初伝期以来の長い歴史と多様性を持つ観音信仰は、平安時代、さらに二つの集合的形態をとる信仰を生み出した。一つは、六道世界に輪廻して苦しむ衆生を救済するために、六道それぞれに種類の異なる六種の観音を配した、いわゆる「六観音《ろくかんのん》」である。その文献的起源は、中国・隋代の仏教僧・天台大師智顗《ちぎ》（五三八～五九七）の『摩訶止観《まかしかん》』やそこに引用される『請観音経《しょうかんのんぎょう》』（正しくは『請観世音菩薩消伏毒害陀羅尼《しょうかんぜおんぼさつしょうぶくどくがいだらに》呪経《じゅきょう》』）の六字章句陀羅尼に求められるとされる。わが国では、雨僧正《あめそうじょう》と呼ばれた小野僧正・仁海《にんがい》（九五一～一〇四六）のころには、すでに具体的な形像を持った六種の観音像が選ばれていたことが確認できる。

六観音の内容については二説あり、以下のように、真言宗と天台宗の違いにもとづくものと伝承されている。

内容的には、伝統的な不空羂索を含んだ天台系の方が古様であり、真言系はそのかわりに准胝《じゅんてい》を取り入れている。准胝は、元来は女尊（仏母）であったが、中国の五代から宋にかけて急激に信仰を集めるようになった観音である。女尊である准胝が男尊である観音と化したことになるが、インドにおいて観音菩薩が誕生するにさいし、原イメージのなかには西方の古代イラン文化における女神の影響もあった。このため、観音は男尊ではあっても、その内奥に女性的・母性的要素を含んでいる。そして、不空羂索と准胝の交代は、醍醐寺開山の聖宝尊師《しょうぼうそんし》が如意輪（とくに六臂形）と准胝の二種の観音と縁が深かったという伝承にもとづくものであるが、実際に真言系で不空羂索観音を用いる例は、以後ほとんどなかった。

また、平安時代初期にできあがった『日本霊異記』や藤原期の末から鎌倉時代初期に編纂された『今昔物語集』には、「あらゆる願いを叶えてくれる」菩薩としての観音やゆかりの特定の寺の霊験譚が多数収録されている。平安時代に成立した観音信仰のもう一つの形態に、このような観音信仰の寺を巡る「聖地巡礼」がある。

真言宗系六観音	天台宗系六観音	救済する対象（六道）
聖（観音）	聖（観音）	地獄
千手	千手	餓鬼
馬頭	馬頭	畜生
十一面	十一面	修羅
准胝	不空羂索	人
如意輪	如意輪	天

京都と奈良を中心に、霊験あらたかな観音菩薩のさまざまな利生譚《りしょうたん》を説く霊場が誕生し、人びとの信仰・人気を得るようになると、ほぼ同時期に、別の要素から京都の貴紳の関心を集めた熊野信仰と相まって、京都から日帰り、ある

いは二～五日かけて参拝したり、参籠（お籠もり）する習慣・風習が盛んになった。後世、遠隔地参詣と位置づけられる信仰形態である。

また、観音信仰に少し遅れて、平安時代の後半から次第に、地蔵菩薩が庶民の信仰を集めるようになる。その僧形の姿からも知られるように、地獄救済と深くかかわる「あの世」のほとけである。しかし、観音菩薩は『観音経』にしても、密教化した変化観音にしても、のちに人びとの不安概念となった六道救済に結びつくことはあっても、主眼はあくまで積極的な現世の救済にある「この世」のほとけである。

このような意味では、救済という広義の意味では同じでも、別のタイプの信仰対象となった阿弥陀如来のような「重いほとけ」ではなく、個人の悩み・苦しみ・不安の解消を直接願いやすい「身近かなほとけ」として、比較的肩肘張ることなく、参拝・参詣できる存在であった。

宗教学的に考えるならば、必ずしも苦悩にまみれた現状からの脱却でなくとも、日常の世界からたとえ短時間でも離れ、聖地・霊場に赴いて、そこで再生して新しいエネルギーをいただくことは、特別に「聖性」を必要としない「リフレッシュ」的意味合いの強い「物見遊山《ものみゆさん》」の率直な要素をも内包することとなったのである。

そのような観音霊場のなかで、比較的古い起源を持つのが、飛鳥京から少し離れた東方の山間に入った長谷寺、文化豊かな紀の川ぞいの粉河《こかわ》寺、そして藤原京からもほど近い壺坂《つぼさか》寺などである。これらの古寺は、おのおの個別の縁起譚を有しており、一二世紀後半ごろには『粉河寺縁起絵巻』などの絵画資料も制作されている。

一方、平安京でも、世相が比較的安定してきた摂関期以後には貴紳の人びと、とくに地理的に有利で安全なこともあって、皇族女性や貴族、その子女たちの清水詣や石山詣が人気を博した。第五章で詳しくふれられるように、石山寺に参籠した紫式部は、そこで『源氏物語』（とくに「須磨」「明石」の帖）の構想を練ったといわれ（同章図2参照）、また『枕草子』や『更級日記』『蜻蛉日記』などの王朝の女流文学においても、石山詣の記述が残されている。

平安時代は、いわば観音霊場が個別に流行した時代であるが、そのうちのいくつかの霊場が整理・統合され、一種の小グループを形成するようになる。京都近辺では、清水寺と石山寺を中心に六観音、もしくは七観音が地域の小規模観音霊場として参詣者の人気を集めた。さらに、新興の観音霊場の寺々と融合していくかたちで、最終的には三十三所観音霊場が成立し、大きな観音信仰のグループを形成したのである。

六臂如意輪観音の進出

石山寺の本尊が「二臂如意輪観音」であることは、すでに平安時代中・後期には定着をみていた。しかし、近年（平成一三年）になって平安時代にさかのぼる六臂如意輪観音の古像が発見され、淳祐、もしくはそれよりもさかのぼる醍醐寺系の祖師の影響が、井上一稔氏によって指摘されている。

近代の文化財調査によると、石山寺には計六体の「如意輪観音像」が伝えられ、うち五体が現存している。なかでも一軀のみは、一面六臂《いちめんろっぴ》で思惟形《しゆいぎょう》の如意輪観音像として知られていたが、かなり破損しており、しかも加えられている補修が稚拙であるため、長い間、江戸時代の造像と考えられ注目されてこなかった。しかし、数年前の解体調査により、平安時代中期ごろにさかのぼる古作であることが明らかとなった。

同像は、宝冠を被り、右膝を立てる輪王坐《りんおうざ》をとる。像高は五六・四センチで、現在の六本の腕はすべて後補。しかし、肩口の矧付《はぎつ》け面の広さから判断すると、もとより六臂であったことは疑いない。

彫刻史上の特徴等についてはここでは詳説しないが、空海が制作を命じた通称『高雄曼荼羅』（神護寺蔵）にわが国では最初に確認され、また空海の直弟子・実恵《じちえ》が発願し、孫弟子にあたる真紹《しんしょう》の建立とされる観心寺の六臂如意輪観音像の流れを汲むものと考えて大過なかろう。

井上氏は、本像の制作年代を遅くとも一一世紀の初めに置くが、同稿では別に、真言密教の小野法流の拠点であった醍醐寺の祖師たちの影響を指摘する。

醍醐寺系の寺伝によると、開基に相当する理源大師聖宝（八三二～九〇九）が、山城国笠取山《かさとりやま》の頂に登って草庵を結び、自ら刻んだ如意輪・准胝の両観音像を祀ったのが始まりという。縁起類には両観音像の像容は記されていないが、現在も醍醐寺に数例伝わる六臂如意輪観音像から推して考えると、醍醐寺、そしてその法流である小野流（三宝院流をはじめとする六流）では、唐・金剛智《こんごうち》訳『観自在如意輪菩薩瑜伽法要《かんじざいにょいりんぼさつゆがほうよう》』などに説かれる六臂如意輪観音をとくに重視している。

本書のテーマとする石山寺においても、密教寺院として中興した淳祐は、醍醐寺開基の聖宝尊師の孫弟子にあたる。一二世紀の事相家《じそうか》であり、図像収集家でもあった三宝院流の実運《じちうん》（一一〇五～六〇）の『秘蔵金《ひぞうこん》宝鈔《ぼうしょう》』には、石山内供（淳祐）が如意輪観音の六臂を六観音に当てて、それぞれに六道を救う力のあることを説いていたと記されている。だが、これは『観自在如意輪菩薩瑜伽法要』に説く「六臂広博《こうばく》の体、よく六道に遊び、大悲の方便をもって諸有情の苦を断ず」という言葉をもとにして、平安時代前期から次第に顕著になってきた六道救済の六観音の思想を総合し、六臂如意輪観音の信仰を高めたものであろう。

淳祐の多種多様な著述のなかに、『聖如意輪観音念誦次第《しょうにょいりんかんのんねんじゅしだい》』という如意輪観音を本尊とする供養法（礼拝作法）の次第《しだい》（テキスト）が伝わっているが、これは、淳祐の法嗣（後継者）の元杲《げんごう》（九一四～九九五）の代表作である『聖如意輪念誦次第』とともに、現在でも真言法流の代表である三宝院流の四度加行《しどけぎょう》の第一「十八道念誦次第《じゅうはちどうねんじゅしだい》」の基本資料となっている。

　このように、二臂如意輪観音の信仰をスタートとした石山寺に、醍醐寺系の六臂如意輪観音の美術と事相が伝わり、相互影響を与えながら発達していった。

三十三所観音巡礼の形成

石山寺が古くから観音菩薩の霊場として、近隣だけではなく、平安京の都からも多くの参詣・参籠の人びとでにぎわっていたことは、先に簡略に紹介した通りである。奈良時代末から平安時代前期にかけて、石山寺・清水寺などの都の東部に位置する観音霊場以外にも、大和の長谷寺や紀州の粉河寺などの観音を祀る古寺が地域のグループを形成した。摂津の中山寺（仲山寺／図５）も、地獄救済を司る閻魔王《えんまおう》の信仰と救いのほとけ十一面観音の信仰が融合し、さらに地理的には北摂の山間と平野の結接点という好条件が作用して、やはり観音信仰の一つの中核地（コア）として、間もなく成立する三十三所観音巡礼の拠点の一つになったようである。

　それら古来の観音信仰圏と、奈良期以来の山林修行者がより密教化して、いわゆる聖《ひじり》集団を形成していく「聖の住所」などが線（巡礼路）で結ばれ、結果的に三十三所観音霊場が形成されたという流れを推測している。その場合、ある時期・段階以降に「三十三」というキーナンバーが確定したのは、やはり『法華

図５　中山寺の山門

経』「普門品」に説かれる「応現身《おうげんしん》」（化身）が、中国において「三十三応現身」（もしくは二十四応現身）として確立されたことと無関係ではないだろう。

また、ここでは細かな論証は省略するが、のちに確定される三十三所観音霊場のほぼ三分の一が、平安時代中後期から盛んになり、約二〇〇年にわたって盛行した熊野詣の道筋上に点在していることも決して偶然ではあるまい。

南紀・熊野を中心とする神仏習合信仰は、一二世紀には三山（本宮・新宮・那智）を拠点として大流行し、都からも「蟻《あり》の熊野詣」と呼ばれる盛況を呈した。その先導をなした者の多くは、天台宗寺門派の園城寺（三井寺《みいでら》）末の聖護院の検校《けんぎょう》にあたる台密僧であった。すなわち、三十三所観音霊場の形成には、『法華経』と天台密教が密接な役割を果たしていたと考えたい。

さて、石山寺を含む三十三所観音霊場として、比較的古い文献資料に登場するのは、天台宗寺門派の諸僧の事歴を鎌倉時代にまとめた『寺門高僧伝』収録の二名の高僧の撰と伝える「三十三所巡礼記」である。

そのうち、時代的にさかのぼるのは、天台座主四四世、園城寺三一世、平等院大僧正行尊《ぎょうそん》（一〇五五〜一一三五）の巡礼記である。そこでは、三十三所観音霊場の順番号と寺名（本尊・所在を含む）と願主が記されているが、便宜上、順番・寺名・本尊を列挙しておく。

一　番　長谷寺　金色十一面二丈六尺
二　番　龍蓋寺（岡寺）　土仏如意輪丈六
三　番　南法華寺　千手丈六
四　番　粉河寺　生身千手
五　番　金剛宝寺（紀三井寺）　等身十一面
六　番　如意輪堂（那智）　一搩手半如意輪
七　番　槙尾寺　弥勒三尊、等身千手
八　番　剛林寺（葛井寺）　等身千手

九　番	総持寺		白檀三尺千手并同十一面
十　番	勝尾寺		等身千手
十一番	仲山寺		等身十一面
十二番	清水寺		丈六千手
十三番	法華寺		等身千手
十四番	如意輪堂（書写山）		一尺六寸如意輪
十五番	成相寺		一搩手半聖観音
十六番	松尾寺		馬頭観音
十七番	竹生嶋（宝厳寺）		等身千手
十八番	谷汲寺（華厳寺）		七尺十一面
十九番	観音正寺		三尺千手
二　十番	長命寺		三尺聖観音
二十一番	如意輪堂（園城寺）		等身如意輪
二十二番	石山寺		丈六如意輪
二十三番	正法寺		等身千手
二十四番	准胝堂（醍醐山）		三尺准胝
二十五番	観音寺		等身千手
二十六番	六波羅蜜（寺）		八尺丈六観音
二十七番	清水寺		丈六千手
二十八番	六角堂		金銅三寸如意輪
二十九番	行願寺		八尺千手
三　十番	善峰寺		八尺千手
三十一番	菩提寺（穴太寺）		等身薬師聖観音
三十二番	南円堂（興福寺）		丈六不空羂索
三十三番	千手堂（御室戸寺）		一尺千手

内容は、現行の西国三十三所と同じであるが、順序は異なる。大和の長谷寺が一番となり、那智の如意輪堂を打ち終えた後に、もとの大辺路《おおへじ》を戻り、摂津を経て播磨を打つ。その後は丹後を経て、近江を回り、京都の各寺を打った後、最後は聖護院修験の拠点である宇治の御室戸《みむろと》寺で結願《けちがん》となっている。

この記録は、いわゆる「西国」観音巡礼の史料では最古であり、しかも順序が現行のものとは大幅に異なっているため、真偽を問う見解もあったが、ほかに長谷寺から出発する史料もあるために、現在では、一二世紀前半にはすでに三十三所観音霊場ができあがっていたものと考えられる。石山寺が、園城寺・正法寺（岩間寺）・醍醐寺の順に連なっていることは、これらの寺が一つのブロックを形成していたことを示している。

行尊の数十年後に、天台座主五〇世、園城寺三六世として活躍した覚忠《かくちゅう》（一一一八～一一七七）は、白河上皇出家の戒師ともなった実力僧であるが、応保元年（一一六二）正月から七五日掛けて三十三所巡礼を行っている。その記述は、行尊のものよりさらに詳しくなっているが、本論での必要性を鑑みて、順番と寺名のみを掲げておきたい。

一番　那智山
二番　金剛宝寺
三番　粉河寺
四番　南法華寺（壺坂寺）
五番　龍蓋寺（岡寺）
六番　長谷寺
七番　南円堂（興福寺）
八番　施福寺（槇尾寺）
九番　剛林寺（藤井寺）
十番　総持寺
十一番　勝尾寺

十二番　仲山寺
十三番　清水寺
十四番　法華寺
十五番　書写山
十六番　成相寺
十七番　松尾寺
十八番　竹生嶋
十九番　谷汲山
二十番　観音正寺
二十一番　長命寺
二十二番　三井寺如意輪堂

二十三番　石山寺
二十四番　岩間寺
二十五番　上醍醐
二十六番　東山観音寺
二十七番　六波羅蜜寺
二十八番　清水寺
二十九番　六角堂
三十番　行願寺
三十一番　善峰寺
三十二番　菩提寺（穴憂寺）
三十三番　御室戸山

この巡礼記における三十三所も、結果的には、現行のものと同内容である。一番が現行の那智山となっており、紀三井寺から後は、大和・河内を打って、摂津の仲山寺をすませ、その後に播州から丹後へと向かうのは現行のルートに近い。ただし、近江・美濃を回ってから京都の各寺を打ち、行尊の記録と同様、宇治の御室戸山で打ち納めとなっている。おそらく、院政期に確立した熊野参詣を意識した上でのコースであって、御室戸山を結願とするのは、やはり京都に拠点を置いて設定されたコースであるからであろう。

覚忠の記したコースにおいては、石山寺の観音は美濃・近江の終わり近くで打つこととなり、さらに岩間寺を経由して、醍醐寺へと抜ける。ちなみに同巡礼記では、醍醐寺は京都（山城国）ではなく、「近江国」に当てられている。

図6　古い巡礼札

なお、室町時代に編纂された辞書の一種である『撮壌集《さつじょうしゅう》』では、南北朝時代の中宮恂子内親王《じゅんしないしんのう》の御産にさいする『御産御祈目録』中に、「三十三所観音御誦経《みずきょう》」として、実際には三十二か寺の観音霊場をあげている。そこでは、順番についてはふれておらず、また内容も前述のものとは一〇か寺異なっている。

したがって、現行の西国三十三所観音霊場とは一部内容が相違した「三十三所観音」が併存していた可能性も否定できないが、石山寺はやはり『御産御祈目録』中のグループにも含まれている。

行尊・覚忠に代表される園城寺・聖護院系修験道が主導権をもった現行の三十三所観音巡礼は、明応八年（一四九九）の禅僧の著作である『天陰語録《てんいんごろく》』に、「南紀の那智にはじまり、東濃の谷汲に終わる」とあるように、一五世紀には現行の西国三十三所の体制がほぼできあがったものと思われる。

このコースは、すでに諸氏が指摘するように、伊勢・熊野の参詣と組み合わせた関東主導型の西国観音巡礼が制度化されたと考えてよかろう。石山寺は、江戸時代に多数上梓された『西国三十三所観音霊験記《かんのんれいけんき》』などの諸資料のなかで、第十三番札所として参詣者の人気を集めている。

石山寺を継ぐ人びと

中興の祖・淳祐内供

平安時代後半期から中世・近世にかけて、事相（密教儀礼）の世界で、「石山流」と呼ばれる密教法流が独自の発展を遂げた。その最初の真言僧、すなわち、石山寺の普賢院に入寺して、真言宗小野流の法流を伝えたいわば中興の祖が、有名な淳祐内供であったことは、すでに観音信仰の流れの中で簡単に紹介した。

淳祐は、単に石山寺の塔頭《たっちゅう》の一つに入り、真言密教の教相と事相の両面で新たな体系化を行っただけの人物ではない。本尊の観音菩薩への信仰に対して、当時すでに醍醐寺を中心に流行し始めていた如意輪観音、とりわけ東密化された六臂如意輪観音の図像と実践法（供養法）を知っていた可能性が強いことは、先に同寺の本尊に関して言及したところであるが、本節では「石山流」と呼ばれる真言宗小野法流の立場から、淳祐をはじめとする幾人かの重要な働きをした者をとりあげ、その業績の一端を明確にしたい。

まず、石山流の流祖とされる淳祐内供に関しては、中世から近世にかけて撰述された『本朝高僧伝』や『伝燈広録』などの僧伝史料にその略伝が紹介されている（図7）。そこから読みとれる淳祐の略歴は、以下のようである。

　のちに、宮中参内を許される内供奉僧となったことから、「石山内供」「普賢院内供」とも尊称される淳祐は、寛平二年（八九〇）京都に生まれた。父は、右中弁の菅原淳茂《すがわらのあつしげ》。かの右大臣・菅原道真（八四五～九〇三）の孫にあたる。学問の家系に連なる名門の出自であるため、若いころに家塾で儒教を修めた。

　やや長じて、当時の真言宗の実力者であった観賢《かんげん》僧正に巡り会って出家得度《とくど》し、東大寺戒壇院で具足戒《ぐそくかい》を受けた。その後修行を重ねて、観賢の寺・般若寺（のちに廃寺となる）において、伝法灌頂《でんぽうかんじょう》を受けた。さらに、秀でた才能を高く評価され、東密の秘奥を記した秘冊五部を付嘱されて、世にいう「瀉瓶《しゃびょう》の資《し》」、つまり正嫡《せいちゃく》（後継者の代表）となった。

図7　淳祐内供（『三国祖師影』）

　わが国の密教史の上で、唯一人、東寺長者、高野山金剛峯寺座主、そして醍醐寺座主を兼帯したこともある偉大な真言僧の観賢の後継者として、いずれかの大寺の座主か長者となるべき器であったが、淳祐は生来病弱であり、その上、脚部に不自由があったと伝えられる。

　そこで、一山の法儀、すなわち座主として法要の大導師を勤めるに耐えないとして、同門の一定《いちじょう》に醍醐寺座主職を譲り、自らは醍醐寺の教相・事相の影響を受け始めた湖南の石山寺に隠遁することとなり、山内の普賢院に居を定めて、修法の実践と多数の著作活動に専念したのである。

　その学徳・法徳を慕って、有為の東密僧だけでなく、台密僧たちもまたその門を叩き、多くの優秀な学徒が集ったという。延喜二一年（九二一）、師・観賢僧正が幾度かの奏上ののち、醍醐天皇の勅命を受けて、恩賜の法衣と「弘法大師」の諡号《しごう》を奉じて高野山に登ったさいには随行したという話が、『今昔物語集』などに残されている。

諸書によれば、奥の院の入定処《にゅうじょうしょ》の霊廟を開いた時、徳行深い観賢は大師の生身に拝謁することができたが、淳祐にはそれがかなわなかった。わずかに大師の膝にふれて手に残ったその薫香《くんこう》だけは一生消えることなく、のちに集成した所伝の「聖教《しょうぎょう》」にも残り香が移ったという。これらの聖教のかなりの部分は、石山寺の経蔵に伝わり、世に「薫聖教《においのしょうぎょう》」と称せられている。

歴史的に厳密に検討するならば、淳祐自身、高野山上での出来事には一切ふれず、しかも観賢が大師号を奉じて高野山に登った時には、まだ観賢から伝法灌頂を受ける四年も前であった。このことから、聖教にまつわる有名な逸話も、残念ながら史実ではないだろう。

とはいえ、淳祐によって著わされた諸著作は、代表的なものだけをとりあげても以下のように事相関係を中心として多岐にわたっており、しかも後世に与えた影響は非常に大きい。

(1)胎蔵集記	一〇巻	(6)金剛界次第	六巻
(2)胎蔵七集	三巻	(7)四種護摩抄記	四巻
(3)金剛界七集	二巻（(2)と合して『石山七集』）	(8)要尊道場観	二巻
(4)金剛界次第法	四巻	(9)悉曇集記	三巻
(5)胎蔵界次第	八巻	(10)聖如意輪念誦次第	一巻

これらの著名な諸著作中には、「胎蔵（界）」「金剛界」の語が多く認められるが、金剛界・胎蔵（界）の

二種一対の曼荼羅を詳説したものではなく、むしろ『金剛頂経《こんごうちょうきょう》』と『大日経《だいにちきょう》』という両部の大経にそれぞれ依拠する修法（供養法）のテキストをまとめたものである。

とくに、『胎蔵七集《たいぞうしちしゅう》』と『金剛界七集《こんごうかいしちしゅう》』に見られる「七集」という言葉は、密教の各尊格（ほとけ）に使われている(1)梵号（サンスクリット名）、(2)密号（密教名）、(3)種字（一音節で特定のほとけを示す梵字）、(4)三昧耶形《さんまやぎょう》（象徴物）、(5)印相、(6)真言、(7)図像を総集したもので、密教の各修法を行う上でまさに必要不可欠の要素である。

それらを土台として、尊格ごとの別尊法の通儀を要約したのが、有名な『要尊道場観《ようそんどうじょうかん》』である。そこでは台密の巨匠・安然《あんねん》僧正（八四一?〜九一五?）の影響を受け、真言宗の事相書としては初めて、不動明王の十九観を導入している。

観祐・朗澄の復興

洛東の真言法流の主流である小野流の正嫡（第一継承者）であった淳祐には、その学徳・法徳を慕って多数の俊英が門をたたいた。この淳祐から新たに発した法流は、「石山流」と呼ばれる。

各種の血脈から復元した石山流の中世までの法流継承は、次頁の系図のようである。

石山流の本流である小野流は、空海の法流を新たに再編した醍醐寺の開基・聖宝が出て、いわゆる小野流の流祖となった。気鋭の密教僧として御影供《みえく》の始行、大師号の下賜など真言宗の確立に活躍した観賢の跡を受け、事教二相にわたる数多くの業績をあげたのが、石山寺の中興というべき淳祐であったことは、すでに指摘してきた通りである。

小野流の本流としては、淳祐の付法の弟子・元杲《げんごう》が正嫡となった。元杲は、淳祐の命により、小野の法流

小野流（聖宝）―（観賢）―淳祐┬寛忠（座主方）┬深覚―深観―良深―覚仁
　　　　　　　　　　　　　　│　　　　　　　└平琳―雅守―中玄―証念
　　　　　　　　　　　　　　├法喜
　　　　　　　　　　　　　　└真頼（人師方）―雅真―歴海―修仁―増蓮―芳源┐
┌――――――――――――――――――――――――――――――――――――――┘
├覚叡―観祐┬朗澄―光海―覚海┬覚照―守恵―融恵―杲遍―杲雅―禅信
│　　　　　│　　　　　　　　└深幸―仁紹―良継―懐紹―俊慶―融恵―守遍
│　　　　　├行宴―守覚
│　　　　　└覚禅
└恵什

を広沢流正嫡の寛空《かんぐう》に授け、のちに上醍醐の延命院に移って事相次第や両部曼荼羅の撰述に一生を捧げたとされる。

先にも指摘したように、元杲は小野流（とくに三宝院流）の四度加行《しどけぎょう》の入門書ともいうべき「十八道念誦次第」の根拠となる『聖如意輪念誦次第《しょうにょいりんねんじゅしだい》』の撰者であるが、もう一つの特色は、正嫡で曼荼羅寺を開いた雨僧正こと仁海《にんがい》（九五一～一〇四六）と並んで祈雨法の達人であったと伝えられる点にある。

さて、狭義の石山流は、流祖の淳祐から寛忠・真頼・法喜が受法したが、法喜への法脈はすぐに絶え、寛忠へ伝わった法流を「座主方《ざすがた》」、そして真頼の法脈を「人師方《にんしがた》」と称した。史料によれば、石山寺の法流では、平安時代末期までは座主方が優勢であったが、後世にはその法流が断絶と復興を繰り返したため、その間は人師方の法流の出身者が座主に登ったという。

したがって、座主方では、石山寺第五世座主に就いていた深覚《じんかく》（九五五～一〇四三）が瑜伽三傑《ゆがさんけつ》として名

図8　醍醐寺延命院の元杲
（『三国祖師影』）

図9　石山流の雅真僧都（同右）

を知られたが、彼ももとは広沢流の寛朝《かんちょう》（遍照寺僧正／九一六〜九九八）から伝法灌頂を受けていた。石山大僧正の尊称を得たものの、晩年は高野山に登り、無量寿院を創建したのちに、京都の禅林寺で示寂している。

人師方でまず注目すべきは、淳祐から直接法を受けた真頼の跡を継いだ雅真《がしん》（天野検校／？〜九九九）である。雅真は、石山流の真頼に伝法灌頂を受けたのち、石山寺に住して事教の修学に努めたが、かつての観賢僧正のようにその行動力・政治力が主に評価された。すなわち、天暦六年（九五二）、当時の高野山座主であった広沢流の寛空（蓮台寺僧正／八八四〜九七二）の要請で、金剛峯寺執行正別当《しぎょうしょうべっとう》となり、雷火で焼失した奥の院諸堂、金堂などの伽藍復興に尽力した。また、天徳元年（九五七）には、地主神である丹生《にう》・高野両神社を創建した。

そのような実務能力を評価されてか、現在、醍醐寺・仁和寺等に写本の伝わる『紙本白描先徳図像』（別称『三国祖師影』）では、寛平（禅定法皇）・寛空・元杲・淳祐といった広沢・小野両流の正嫡に続いて、「金剛峯

寺 雅真」の図像が認められる（図8・9）。

石山流の法流の上で、「中興」としての役割を果たしたのが、有名な観祐《かんゆう》（生没年不詳）と朗澄《ろうちょう》（一一三一～一二〇八）の師弟である。この二人の高僧については、石山寺に現存する多数の白描図像の関係者として知られている。観祐・朗澄の前後に、東密の図像収集家としても名高い恵什《えじゅう》（別称、最朝／『図像抄』）・覚禅（『覚禅鈔』）などが、石山の法流を受けていることは決して偶然ではないだろう。

両者のうち、まず師の観祐は、後世の『石山寺伝記』を除いて言及は少ないが、故佐和隆研博士等による石山寺文化財調査によって、その一面が知られるにいたった。生没年は不詳であるが、現在も仁和寺と五島美術館に伝わる『紙本墨画高僧像』（『三国祖師影』）の写本は、長寛元年（一一六三）、観祐の書写によるものという。それ故、『仏教人名辞典』などでは「平安後期の絵仏師」と記すが、単なる絵をよくした職人ではなく、画技に優れた密教僧であったというべきであろう。石山寺に伝わる『香要抄』二巻、『薬種抄』一巻は観祐の筆、ならびに『蘇悉地儀軌手契図《そしつじぎきしゅけいず》』は、弟子の朗澄の筆という。

観祐の弟子で、かつ東密・台密の祖師方から多様な伝授・付法を受けたのが、朗澄律師である。『石山寺伝記』によると、次のように記されている。

朗澄は、その通称を文泉房《ぶんせんぼう》というが、出自は不詳である。幼い頃に石山に登り、得度剃髪したが、生来聡明であり、世典・仏典ともに造詣が深かった。最初の師僧である観祐阿闍梨《あじゃり》に従って金胎両部の灌頂を受けたが、その後も内外の多くの名哲を訪れて教えを受けた。

永暦元年（一一六〇）六月二〇日に、内山《うちやま》（永久寺）真乗房亮恵《しんじょうぼうりょうけい》に従って諸尊法を受け、『石文抄記』を著わして、その口伝を集成した。同年八月一九日には、勧修寺《かじゅうじ》の学僧として名高い大法房実任《だいほうぼうじちにん》に従って受法し、一二月二二日に『護摩儀軌《ごまぎき》』二巻を受けたのち、先述の内山阿闍梨亮恵と実任からさまざまの法を授かったことは特筆すべきである。

法要と行事の伝承

一二〇〇年を越す長い歴史と多くの仏縁と人縁に支えられてきた名刹・石山寺では、二一世紀を迎えた現在においても、多様な仏事法要・神事、そして現代的な祭りなどの行事が執り行われ、多数の善男善女の参詣を集めている。

ここでは、石山寺当局の年間行事表を参考にして、とくに当寺特有の意義深い法要等については、他の諸行事の紹介よりも少し詳しくふれておこう。

元日	香水加持法要
正月三が日	初詣（修正会大祈禱）
一月二日	初内供
一月一六日	初開山
一月一七・一八日	初観音・初牛玉さん
一月二一日	初弘法
一月二八日	初不動
二月三日	節分星祭り
二月一五日	常楽会（涅槃会）
二月第四土曜日	初午
三月彼岸	春季彼岸会先祖供養
四月二一日	弘法大師正御影供
五月五日	石山祭り
五月八日	お花祭り
五月第三日曜日	青鬼祭り
八月一日	琵琶湖祭
八月九日	千日会法要・毘沙門おどり・花火大会
八月一三〜一六日	盂蘭盆会

八月一五日　世界平和祈願法要
八月一六日　送り火法要
八月二六日　毘沙門会法要
九月仲秋日　仲秋の名月
九月彼岸　秋季彼岸会
一二月一日　三十八社以下鎮守お火焚き

一二月六〜八日　仏名会
一二月一八日　終《しま》い観音
一二月二一日　終い弘法
一二月二八日　終い不動
一二月三〇日　迎春準備・おかがみかざり
一二月三一日　大晦日・お礼まいり

なお、鷲尾遍隆座主より、一部の法要については詳しい次第（法要テキスト）の御教示も頂いたが、あまりに事相（儀礼）の専門的研究に踏み込んでしまうきらいを避けるために、法要そのものの意義と目的を紹介するにとどめておきたい。

奈良時代後期から観音の寺として、貴紳のみならず多くの人びとの信仰を集めた石山寺では、元旦の午前〇時に山門が開かれ、午前二時から他寺よりは遅い除夜の鐘がつかれる。そして、早暁午前四時からは座主自ら香水《こうずい》（香を水に混ぜた聖水）で参詣者を加持され、一年の平安無事が祈願される。

正月三が日には、本堂で午後一時から正月の法要である修正会《しゅしょうえ》が修せられ、新年の平安を願う祈禱が行われる。

二日は中興の祖にあたる淳祐内供の、一六日は開山の良弁僧正の、また二一日は真言宗開祖の弘法大師空海のそれぞれ命日にあたるため、一月の場合はとくに「初内供」「初開山」「初弘法」として御影供（命日法要）が山内の僧の出仕によって厳粛に執り行われる。

また、一八日は観音菩薩の、二八日は不動明王の縁日であるので、午前一〇時より法要が厳修される。とくに一月二八日には、現在は本堂西内陣に安置される大師様の厄除け不動明王坐像（第三章図8）の前で、人びとの息災安穏を祈る護摩祈禱が盛大に催される。

二月三日の節分は、全国の神社や寺院で祭礼・法要が営まれるが、石山寺でも午前八時・一〇時・午後一時の三回にわたって節分の星供《ほしく》（星祭り）法要が行われ、護摩祈禱が奉じられる。

三月の春の彼岸には、各家の先祖供養を主とした彼岸法要が、理趣三昧法《りしゅざんまいほう》を用いて厳修される。他の密教寺院でも同様であるが、彼岸法要は最も先祖・故人の供養という要素が色濃いようである。

図10　青鬼祭（東大門横での法要の様子）

四月二一日は、弘法大師空海の正命日《しょうめいにち》（祥月命日）の月遅れ（一か月後）にあたり、高野山金剛峯寺と同じく御忌（正御影供）の大法要が午前一〇時から御影堂で執行される。

現在では、五月五日のこどもの日に行われる石山祭りは、境内に建てられた三十八所権現社の大祭にあたる。天智天皇をはじめとする三十八社の神々を祝する祭礼であり、石山寺南辺の新宮神社から神官が出仕し、午後には大御輿《おおみこし》が境内を巡行する。

五月第三日曜日に催される青鬼祭り《あおおにまつり》は、石山寺のみに伝わる奇祭であり、民俗学の研究でもしばしば言及されている（図10）。石山流の法流を継ぐ高僧として活躍した朗澄律師の功績・業績についてはすでに紹介した通りだが、伝承によれば、石山寺ゆかりの貴重な聖教を護るために、死後に鬼形となって守護すると誓ったという。祭りではその朗澄が化した青鬼の扮装で境内を歩行し、さまざまな現代的な祭事もあわせ行われる。

八月九日に午前一〇時と午後七時の二度法要が営まれる千日会法要は、他の寺院、とくに観音を祀る寺院で夏期に催される「四万八千日」にあたる。その日に参拝すると、一日で四万八千日(あるいは特定の日)参っただけの功徳《くどく》があるとされている。暦学としていえば、「その日」は夏の節分に相当し、宗教的な意義が高いと考えられている。

八月のお盆の時期は、一三日から一六日にかけ、毎日午後二時から盂蘭盆《うらぼん》法要が挙行されるが、とくに盆明けの一六日には、それに先立って表境内において略式の送り火法要が催される。

石山寺に特有の法要として第二にあげられるものは、八月二六日に行われる毘沙門会《びしゃもんえ》法要である。美術史の観点からは、すでに知られているように、現在の石山寺には二体の毘沙門天の古像が伝わっている(第三章図11・18)。とくに、毘沙門堂に奉安されている毘沙門天像は、世に言う兜跋《とばつ》様式であり、寺伝によれば、鎌倉時代の武将が山城国の反乱を鎮めるために石山寺に参籠して戦勝の功徳を授かった霊像という。この法要は、午前一〇時より、毘沙門堂で執行される。

旧暦の仲秋日(旧八月一五日)に催される仲秋の名月は、京都の名刹・大覚寺などでも行われる季節の法要である。もっとも、紫式部が『源氏物語』を構想した地としての伝説も名高い石山寺の場合は、この時には、本堂で午前一〇時から紫式部供養法要が厳修される。

一二月六日から八日にかけて行われる仏名会《ぶつみょうえ》は、古い起源を持つ顕教系の法要であり、密教寺院では比較的修されることが少ない。しかし、過去・現在・未来の三千仏を描いた本尊画を前にして、日頃の罪を懺悔し、明日を生きる力を養う法要は、現在でも石山寺の重要な法要として位置づけられている。法要後には、境内大森社のお火焚《ひた》き祭りも兼修されている。

そして、年の瀬も押し迫った一八日の終い観音、二一日の終い弘法、そして二八日の終い不動が賑わいを見せ、その年を感謝しつつ、希望の新年を待つこととなるのである。

まことに、石山寺は諸仏・諸師の仏縁が古く、それを信仰した多くの人びとによって支えられているのである。

〔付記〕『三国祖師影』『別尊雑記』からの図版はともに『大正新脩大蔵経』図像部第三・十巻より転載

第二章　創建とあゆみ

綾村　宏

近江八景のひとつ「石山秋月《しゅうげつ》」と称される石山寺は、景勝の寺として知られ、また西国三十三所巡礼の札所として、多く参詣の人びとが訪れる。寺域は、南流する瀬田川の右岸、伽藍山《がらんやま》を背後にしたところにある。琵琶湖から流れ出る唯一の川である瀬田川は、少し下流に南郷の洗堰《あらいぜき》があるため、この付近では穏やかな流れとなっている。そして標高二三九メートルの伽藍山は、珪灰石《けいかいせき》の岩が露呈して、石光山《せっこうざん》という山号、石山寺という寺名が相応《ふさわ》しい寺の景観を呈している。その所在地は、現在の地名表記で滋賀県大津市石山寺一丁目にあたる。

石山寺の創建

石山寺の東大門すぐ前のところには縄文時代早期に形成された石山貝塚があり、この地域に縄文時代から人びとが定住していたことがしられる。また『石山寺縁起絵巻』（重文／図2・4〜8）には寺造営のときに、銅鐸が見つかったことを記しているが、実際にも江戸時代、文化三年（一八〇六）に寺域内から銅鐸（重文／図1）が掘り出されており、現存している。このことからも、この地域周辺が琵琶湖と瀬田川の自然の恵みを受けて、古くから開けていた地域であることがわかる。また近年、石山寺の施設がつくられるにあたって、境内地で発掘調査がおこなわれているが、そのときに白鳳期の瓦の出土があり、石山寺の創建以前にも瓦葺《かわらぶ》きの寺の存在をうかがわせる。

石段を少し登ったところに懸造《かけづく》りの本堂を構え、山と川とにはさまれたそう広くない平坦地に子院が立ち並ぶ景観は、そこに一つのまとまった空間を示している。その石山寺は、本尊の如意輪観音《にょいりんかんのん》の信仰のもと、その時代々々で、いろいろなあり方をみせる寺であるといえる。現在は、東寺真言宗に属し、西国三十三所観音霊場の第十三番札所として、多くの参拝の人たちが訪れる寺であるが、創建当初は、そのような庶民に身近かな寺院でなかった。すなわち奈良時代、聖武天皇が東大寺を創建したときに、東大寺を造営する役所として造東大寺司《ぞうとうだいじし》がつくられたが、そのもとにあった造石山院所《ぞういしやまいんしょ》という役所により、堂舎が建てられた寺であり、はじめは官の寺として造営されたのである。

図1　袈裟襷文銅鐸（弥生時代／重文）

それではまず、鎌倉時代に制作された『石山寺縁起絵巻』の記事から、石山寺の創建のいきさつをみてみよう。縁起であるから、すべて史実ということではないが、寺院の基本的な性格と言い伝えについては、その縁起が物語ってくれる。

『石山寺縁起絵巻』は七巻からなる縁起絵巻であるが、巻第一の序文に鎌倉時代末期の正中年間（一三二四～二六）に縁起を三十三節に区切り七巻の巻物としてつくられたとある。三十三節は、『法華経』普門品に、観音が衆生を救うために三十三の化身して現れる

図２　石山寺縁起絵巻　巻第１第３段　創建のさいに土中から銅鐸が掘り出される

とみえ、その数に合わせてある。鎌倉末期制作の当初の本は、巻第一・二・三・五の四巻が残っており、巻第四は室町時代、残りの二巻は江戸後期の補写本である。いずれも内容としては、成立した鎌倉末期にそのときまで伝えられてきた創建以降の経緯を物語っている。

それによると石山寺の創建については、縁起冒頭に「それ石山寺は、聖武天皇の勅願、良弁《ろうべん》僧正の草創なり。本尊は二臂《にひ》の如意輪、六寸の金銅の像、聖徳太子二生《にしょう》の御本尊なりと云々。丈六の尊像を造りて、その御身に彼の小像を籠め奉る。左右に脇士あり。左は金剛蔵王、右は執金剛神なり」と記されている。

これは、石山寺建立が聖武天皇の願いのもとに、良弁の尽力によるものであったことを示している。良弁は、行基などとともに、奈良・東大寺建立にあたって活躍し、その初代別当になった僧侶である。石山寺は、その良弁が天平一九年（七四七）に現在の場所に、聖武天皇の念持仏《ねんじぶつ》を安置した堂舎を建立したことに始まるのである。

さらに縁起には、その理由が記されている。「茲《ここ》に、天平の聖主」すなわち聖武天皇が、東大寺に十六丈の金銅の盧遮那仏《るしゃなぶつ》を造立しようとしたが、わが国には黄金がないので、良弁に勅して吉野の金峯山《きんぶせん》に祈らせたところ、金剛蔵王の夢告があり、「近江国志賀郡、水海《みずうみ》の岸の南に一つの山あり、大聖《だいしょう》

図3　良弁僧正画像（室町時代）

垂迹《すいじゃく》の地なり。彼の所にして祈り申すべし」ということであった。そして、その地を訪ねた良弁は、そこで比良明神の化身の老翁に会い、その教えで山中に草庵を建てて、巌《いわお》の上に天皇の念持仏を安置して秘法を勤《ごん》修《じゅ》すると、陸奥国から黄金の出土をみ、朝廷に献上したとされる。

その後、天皇の念持仏をもとに返そうとしたが、仏は石の上を離れず、そこでこの地の荊棘《けいきょく》を切り払い、整地をして仏閣を建てることになったが、そのときに土中から五尺の宝鐸、すなわち銅鐸が出現した、と縁起にみえる。そしてこの寺が石山寺であり、この縁起にみられるように、石山寺の本尊如意輪観音は岩の上に安置されている。

この創建のときの記事は、永観二年（九八四）成立の『三宝絵詞《さんぼうえことば》』にもすでに収録されており、石山寺創建の謂《い》われはよく知られていたのであろう。

ついでその創建の経緯について、こんどは『石山寺縁起絵巻』以外の古文書などの史料から石山寺の歴史をみることにする。

奈良時代における石山寺の造営については、正倉院文書のなかに関係文書が遺っている。それによると、天平末年、創建当時の石山寺は、長さ五丈、広さ二丈、高さ一丈一尺の檜皮《ひわだ》葺《ぶ》きの仏堂一宇《う》、板葺きの板倉一宇、板屋九宇のみであったことがわかる。

ところが天平宝字三年（七五九）、石山寺の西北に淳仁《じゅんにん》天皇により保良宮《ほらのみや》の造営が開始されると、それまでは仏堂と板倉、板屋数棟のみであった石山寺は、保良宮を護持する寺として拡張改築されることになった。

すなわち天平宝字五～六年（七六一～七六二）ごろには、間口七丈、奥行五丈、高さ一丈四尺に大きく改造された仏堂のほか、経蔵一宇、僧房四棟、板葺きの写経堂、法堂、食堂など一七棟が立ち並ぶ景観を示すほどになっている。この間の造営は、当時東大寺を造営するためにつくられた役所である造東大寺司下の造石山寺所のもとで行われ、次第に堂舎が整備されていったのである。そしてここにみられる仏堂に本尊が安置され、それが、現在の本堂に引き継がれる。また六年には、石山寺で『一切経』の書写が行われているが、それには板葺きの写経堂が使われたのであろう。

保良宮は、淳仁天皇のとき、陪都《ばいと》としてつくられたものであるが、天平宝字六年には孝謙上皇が平城宮に還幸し、その後は寂《さび》れていく。なお『三十三所巡礼記』には、石山寺の本尊木造如意輪観音半跏像《もくぞうにょいりんかんのんはんか》（第三章図1）は弓削法王道鏡《ゆげほうおうどうきょう》の発願《ほつがん》とみえ、石山寺の造営に道鏡が力あったことをうかがわせる。石山寺造営のころは、ちょうど孝謙上皇の信任を得た道鏡をめぐって、上皇と淳仁天皇が不和になる時期にあたる。

平安時代の石山寺

学問の寺

このように石山寺は、官による寺院として、奈良時代のなかごろに創建された寺である。

都が平城京から平安京に遷ってからも、石山寺で延暦二三年（八〇四）に常楽会《じょうらくえ》（涅槃会《ねはんえ》）が近江国の租税を費用に充てて執り行われるなど、官の寺として性格を維持している。そのことは『石山寺縁起絵巻』に「延暦廿三年当寺にして常楽会をはじめおこなふ、衆僧梵唄《しゅそうぼんばい》の声を調《ととのえ》、児童舞曲の袖をひるが

図４　石山寺縁起絵巻　巻第１第４段　石山寺ではじめて行われた常楽会（涅槃会）のさいの童舞

えす。厳重の勅願、会場の壮観余寺にこえたり。彼料足は当国の租税をもちて在庁官人等寺門に参集してこれを勤む」とみえる。しかしつづけて「しかるを近代国衙《こくが》のつとめおこたるによりて、法会の儀式もすたれ侍ぬるにこそ」とあり、近年近江国衙《こくが》の支援もなくなり、その後、涅槃会も次第にすたれたようである。といっても、鎌倉時代にも涅槃会が規模が縮小されても続けられたことは古文書に下行注文が遺っていることからわかる。

平安時代になり、官の寺としての性格が弱まるとともに、石山寺は次第に醍醐寺の影響下に入っていき、学問の寺としての役割が増していく。

石山寺座主の初代は聖宝《しょうぼう》、二代は観賢《かんげん》となっているが、そのいずれもが醍醐寺の開基にかかわる高僧である。ところで、それを受け継ぎ石山寺を学問の寺として性格づけたのが三代座主淳祐《しゅんにゅう》である。淳祐の認《したた》めた「薫《におい》聖《のしょう》教《ぎょう》」が、石山寺では座主相承、他者不見の聖教とされ、密教の法流石山寺の教えとして継承されていく。淳祐（八九〇～九五三）は菅原道真の孫にあたり、観賢に従って出家した。延喜二一年（九二一）に師の観賢が高野山奥院の弘法大師廟に大師号宣旨と勅賜御衣を奉じて登山したときに随伴し、御衣替の式のときに、大師の衣の香気が淳祐の手に移り、そのため彼が書写した聖教には、その香りがするとされ、「薫聖教」と称されるのである。

さらに平安時代末期になると、観祐《かんゆう》・朗澄《ろうちょう》などが現れ、法流や図像の研究

図５　石山寺縁起絵巻　巻第２第２段　淳祐内供が延暦寺の皇慶阿闍梨に授法する

図６　石山寺縁起絵巻　巻第６第２段　朗澄が死後鬼となって「聖教」を護る

が盛んに行われた。彼ら学僧が書写、収集した聖教・図像が数多く伝来する。また、念西《ねんさい》勧進《かんじん》による『一切経』収集書写事業が行われたのも、この時期であり、そのとき収集、書写された経巻を主体とするのが現在四五〇〇点以上伝わる「石山寺一切経」である。すなわち念西は久安四年（一一四八）に『一切経』の収集書写事業を発願し、古経を収集し、またたらない分は新写によって補い、そして保元年間ごろに念西が亡くなると、朗澄によってその事業は引き継がれ、文治年間（一一八五～九〇）に完成したのである。なおこれら『一切経』は当初八〇合の経箱に納められたが、その経箱のなかには箱底下面に安元・治承等の年号を記す墨書銘があるものもあり、それ以外の箱も年代年輪測定により平安末期の当初のものが数多く残っていることが判明している。

図7　石山寺縁起絵巻
巻第4第1段　紫式部が参詣し『源氏物語』の着想を得る

石山詣

平安時代になって、石山寺は真言密教の教学の寺としての性格を示すとともに、また一方、観音霊場たる信仰の場として人びとが訪れる寺ともなった。延喜一七年（九一七）の宇多法皇の参詣をはじめとして、藤原道長・忠実などの皇族・貴族が数多く参詣している。なお、観音霊場を巡拝することは花山《かざん》法皇から始まったと言い伝えられる。

参詣者のなかには、女性も多く含まれ、藤原道綱の母（『蜻蛉日記』の作者）、菅原孝標《たかすえ》の娘（『更級日記』の作者）や紫式部もいた。清少納言も『枕草子』のなかで「寺は石山」と、寺の代表として石山寺をあげている。

石山寺には、現在も本堂の一角に紫式部が『源氏物語』を執筆したという「源氏の間」があり（第五章図2参照）、使用したという硯や書写したと称される『大般若経』が伝来する。香水《こうずい》加持《かじ》する紫式部の画像も所蔵されている。

主な参詣者としては、寛和元年（九八五）の円融院、正暦三年（九九二）の東三条院、寛弘元年（一〇〇四）の紫式部、久安四年（一一四八）の藤原忠実などが江戸時代作成の寺誌である『石山寺年代記録』にみえ、また藤原道綱の母、円融上皇、東三条院（円融天皇女御、藤原道長姉）、菅原孝標の娘、紫式部、藤原国能の妻などの参詣が『石山寺縁起絵巻』にみえる。絵巻には、貴紳参詣の様子の煌《きら》びやかさ、また祈願者に対する如意輪観音の効験や奇瑞《きずい》を華麗な筆致で描かれている。

罹災《りさい》を越えて

石山寺は、承暦二年（一〇七八）に大火に見舞われ、本堂はじめ多くの堂舎が焼失した。本尊の如意輪観音は、焼失したか否かの表現は記録により差異がある。

承暦の罹災

その様子は『石山寺縁起絵巻』によれば、

> 承暦二年二月二日当寺回禄の事ありて、本堂やけゝるに、本尊煙のうちを飛出させ給て、池のなかしまの柳のうへに光明かくえきとしてかからせ給いたりけるを、寺僧袖にうけてかへしいれたてまつりけるとぞ申つたへたり

とあり、塑像の胎内に納められていた本尊が火事のときも、損傷せずにもとに戻ったことを記している。

この石山寺の火災の記事は、『扶桑略記』『帝王編年記』などによれば、本尊の如意輪観音は灰燼になるな

図８　石山寺縁起絵巻　巻第６第１段　石山寺に祈願してから謀反討伐に向かう軍勢

どみえるが、『百練抄』には「観音尊顔損せず、貴賤随喜をなす」とみえる。現在の本尊如意輪観音の胎内には、木造の厨子が納められ、その蓋の表には、厨子内に新たに仏舎利を納めたこととともに「金銅像四躰」を納めたとあり、その四躰は「抑も此の四軀の像は、古像の腹中に籠もり奉るところなり。なかんずく一躰は既に火難に遇う、これ往昔の霊像か」とみえる（第三章図2～6）。さらに厨子の背面には、承暦二年の火災にあった丈六の捏像（塑像）を座主が修復したが、その像が建暦元年（一二一一）には崩れてしまい、それをさらに寛元三年（一二四五）に、ときの座主実位《じつい》が修復したことが記される。したがって承暦の火災ののち、修復が行われたが、それがさらに鎌倉時代に入って破損し、その修復のさいにその厨子が収められたことがしられる。なお現在の本尊は木造であり、江戸時代の尊賢僧正執筆の『石山要記』『石山寺年代記録』には、元禄三年（一六九〇）木像に改めたとみえるが、様式からみると平安時代後期の像とみられている。

承暦二年炎上した本堂は、ほぼ二〇年後の永長元年（一〇九六）には再建され、のちの慶長七年（一六〇二）に淀君によって、礼堂が建てられるなどして拡張され、現在も滋賀県最古の建造物として、その懸造りの威容を今に伝えている。

その後、三昧堂などの堂舎が建てられ火災後徐々に復興していったようで

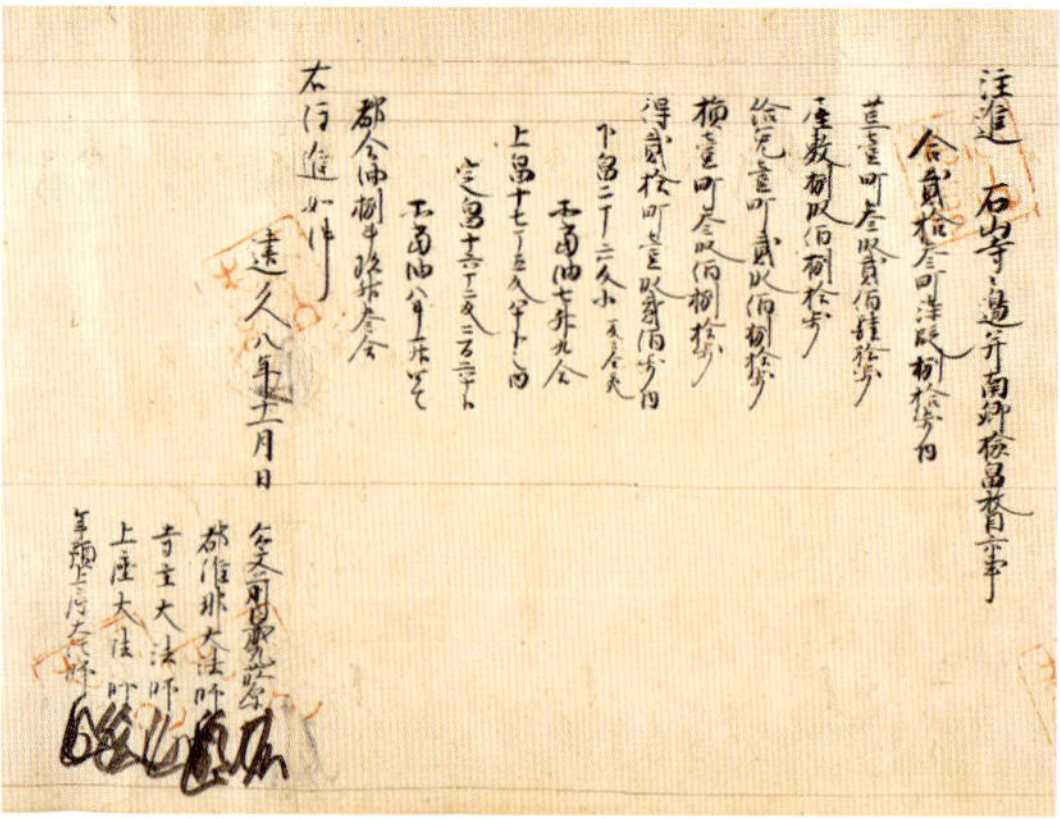

図9　建久年中検田帳　石山寺寺辺并南郷畠数注文

あるが、本格的に石山寺の諸堂が建てられ、境内が整備されるのは鎌倉時代になってからである。

武家とのかかわり

石山寺現存の建造物をみるとき、源頼朝の寄進とされるものが多くみられる。均整のとれた優美な姿をみせる多宝塔は（第四章図13）、その台座の墨書銘から建久五年（一一九四）の建立であることがわかる。寺伝では建物は頼朝寄進と伝えられ、その本尊大日如来坐像（第三章図15）は墨書から快慶作と判明している。また鎌倉後期の建物とされる東大門や鐘楼も同じく頼朝寄進と言い伝えられる。

この鎌倉武士とのつながりは、『石山寺縁起絵巻』巻第六に、建久年間（一一九〇～九八）に掃部頭中原親能《かもんのかみなかはらちかよし》が謀反の輩を討つときに石山寺に詣で、その験《げん》により勝利したので境内に勝南院を建て、毘沙《びしゃ》門天《もんてん》を安置したという挿話が描かれている。境内にはまた親能の妻で頼朝の子の乳母であった亀谷禅尼の供養塔といわれる宝篋印塔が、頼朝の供養塔とともに多宝塔のすぐ近くにある（第四章図52）。ともに鎌倉時代から南北朝期の石造物である。鎌倉時代の石山寺の所領は、寺周辺の寺辺、南郷地域に広がっていた。すなわち現存する「建久年中検田帳」は、建久八年（一一九七）当時の石山寺の所領を書きあげたもので、所領田畠が寺周辺の寺辺や南方にあたる南郷地域に広がっていることがわかる（図9）。

南北朝の争乱は石山寺にもいろいろな影響を与えた。石山寺では、建武二年（一三三五）に足利尊氏、五年には足利直義の命で寺中で『大般若経』の読誦をしている一方、南朝方に追われた後光厳上皇が立ち寄ったりしている。南北朝の両勢力の消長により、その争いのなかに巻き込まれていることがわかる。すなわちその間、建武三年には関東から攻め上った足利尊氏軍が瀬田・宇治川あたりで後醍醐天皇軍と戦ったとき、数万の軍兵により石山寺の寺庫が破られ、重要な文書を紛失する事件が起こった。石山寺も戦火に巻き込まれて、危うい危機もあったわけである。

ところがそのような争乱のなかでも、「石山寺一切経」の経巻が何回も曝涼（外に出して風を通すこと）が行われていたことが、一切経経箱の墨書銘からわかる。すなわち経箱には、箱蓋の内面に墨書銘があるが、それには建武二年に虫払いが行われ、そのさいに各箱に収められていた経巻の目録が詳細に記されているのである。この不穏な時代にも、伝来した経典、聖教に対するこのような寺の営みこそが、現在まで数多の文化財を遺し伝える力になったのであろう。

観音巡礼

一〜三世紀に成立した『観音経』をよりどころとする観音菩薩には、十一面観音、不空羂索《ふくうけんじゃく》観音、馬頭《ばとう》観音、千手《せんじゅ》観音、准胝《じゅんてい》観音など多彩な観音像がみられるが、石山寺の本尊は如意輪観音である。如意輪観音は、如意宝珠《にょいほうしゅ》の威力により、人間の煩悩などを除き、願いを成就させる仏として信仰されている。そして観音霊場を三十三箇寺巡礼をすることは、花山法皇に始まるとされるが、記録にみえるのは一二世紀からである。その頃は巡る寺の順番は固定していなかったが、石山寺は願主聖武天皇、本尊二臂丈六如意輪観音としてははじめからそのなかに含まれている。

石山寺の観音に対する信仰を物語るものとして、今に寺に残る巡礼札があげられる。巡礼札は、諸国から石山寺に参詣に訪れた人たちが石山寺に奉納したものである。石山寺には、漆塗りや表面鍍金《ときん》銅板製のものなど古くて立派な巡礼札が、数多く残っている（第一章図6）。一番古いものは、室町時代の永正三年（一五〇六）に「武蔵国吉見住人道音」が奉納したものである。巡礼札は頭を尖《とが》らせた長方形の札で、その中央に「西国三十三所順礼札」、そしてその左右に奉納者の居住地と名前、日付を書いたり彫ったりしてある。なおその札には、柱か板に打ち付けたことを物語る釘穴があいている。そのなかでも「甲州巨摩郡布施庄小池図書助」が奉納した巡礼札は大型で、日付には「弥勒二年丁卯六月吉日」とある。弥勒二年は、東国で使用された私年号で、永正四年（一五〇七）にあたる。巡礼札にみえる参詣者は、紀伊・武蔵・播磨・甲斐など各地方から来ており、いろいろな国々から比較的嵩張《かさば》るこのような巡礼札が奉納されるところに、中世の観音信仰の幅広さがうかがわれる。

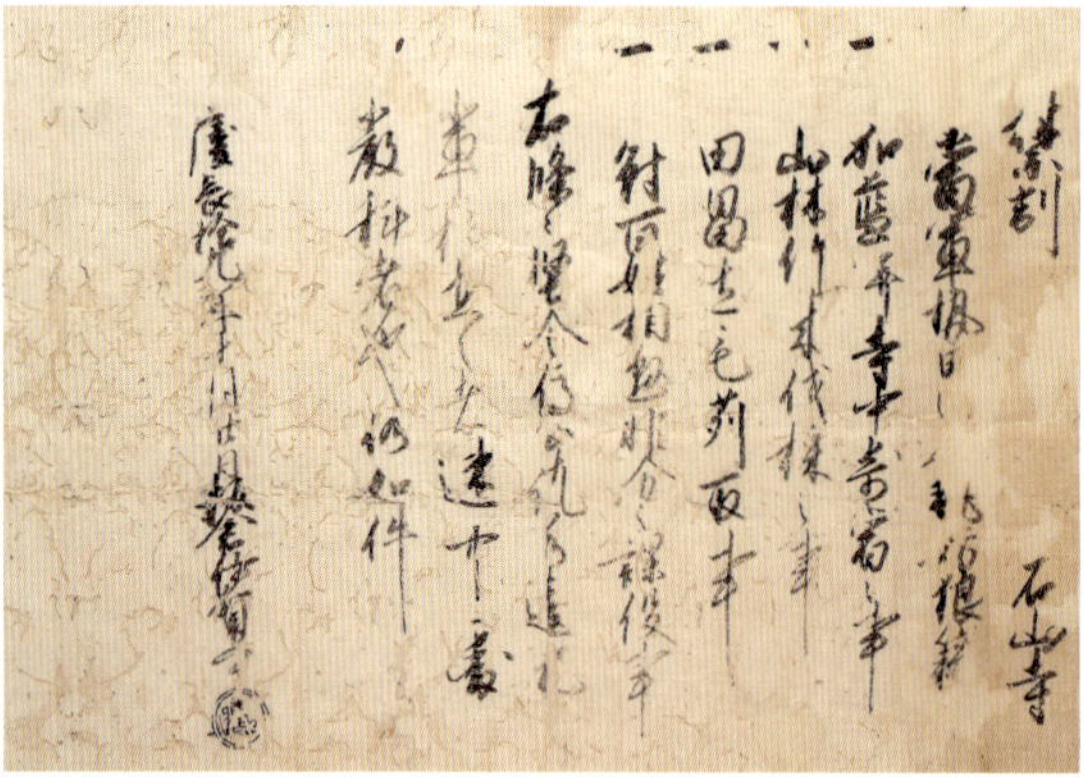

図10　板倉勝重禁制

地方への石山観音信仰の拡がりとともに、室町時代の寛正六年（一四六五）には、それまでは天皇の行幸《ぎょうこう》のときのみ本尊の開扉が行われていたのを、天皇の命によって初めて開帳され、多くの人が群参したとあり、このときが最初の御開帳であると『石山寺年代記録』は記している。また明応三年（一四九四）・享禄元年（一五二八）のほぼ同文の石山寺勧進帳が存在するが、それには、

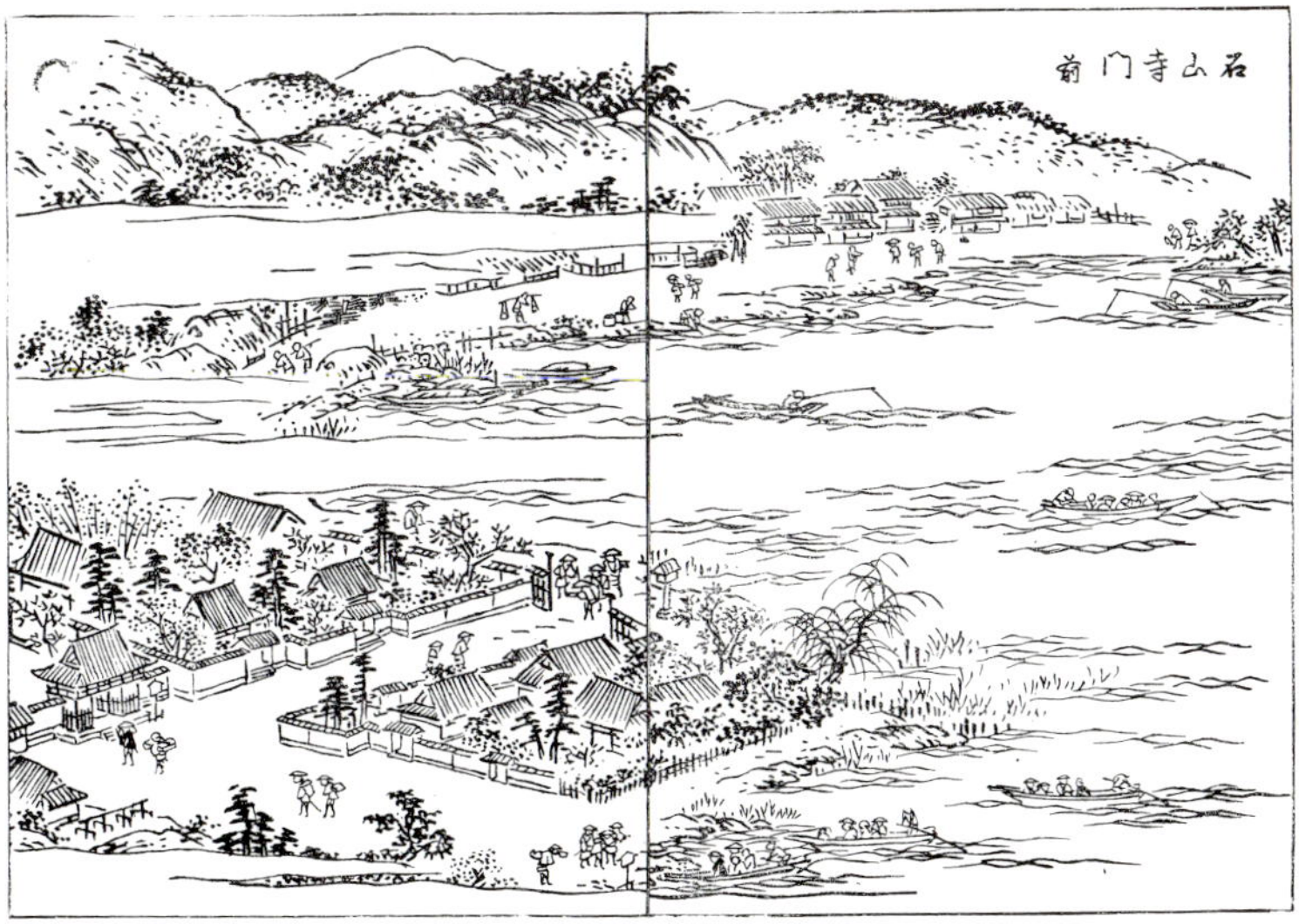

図11　近江名所図絵

貴賤都鄙《とひ》の檀越《だんおつ》の助成を求めており、寺勢維持のための努力がされていることがしられる。

安土桃山時代になると、慶長年間（一五九六～一六一五）、本堂前方の礼堂が淀君の寄進で改築され、東大門も修理されている。関ケ原合戦の翌年の慶長六年には、寺領の検地が行われ、門前寺辺村五七〇余石が寺領に定められた。元亀（一五七〇～七三）のころには、織田勢と将軍足利義昭軍が石山で戦っており、石山寺も被害を受けたであろうが、次第に進められた伽藍復興と徳川家康による寺領寺辺村が安堵されると、経済的な保証を得、さらに慶長一五年（一六一〇）には、京都所司代板倉勝重と円光寺元佶《えんこうじげんきつ》が連署した寺内定書や、一九年に出された板倉勝重禁制によって寺内は安定した（図10）。

こうして江戸時代には、近江八景の一つ「石山秋月」として、また多くの参詣人が訪れることとなった。石山寺で歌川広重が浮世絵に描き、松尾芭蕉が俳句を、石川丈山が漢詩を詠んだ。また元文三年（一七三八）から文久二年（一八六二）の間、開帳が二九回行われており、その都度《つど》山内は混み合い、門前には茶屋・見世物小屋・煮売屋等が出店し、多くの参詣人で賑わったであろう。開帳は、恒例で行われる三三年毎のものが九回あり、さらに天皇即位のときや東宮臨幸にさいしても行われた。当時は、石山参詣には、渡し船がよく使われ、門前には二軒茶屋が建ち並び、その様子が『近江名所図絵』に描かれている（図11）。

歴史を語る寺誌資料と古文書

江戸時代にも、寺内ではひきつづき所蔵の経典や聖教の整理、修理、書写、勉学の営みが継承されていく。現在「校倉《あぜくら》聖教《しょうぎょう》」として、三〇合の経箱に収められた聖教の整理は、明暦年間（一六五五〜五八）に行われたものであることが、その経箱の墨書銘から知られる。

一八世紀の尊賢僧正は、内外典の勉学に努め、経典聖教の整理に専念した人として著名である。尊賢は、松平定信（白河楽翁《しらかわらくおう》）と交友があった。石山寺の貴重な書物で修理されているものは、楽翁の寄進によって、尊賢が行ったものが多いとみられる。

また八〇合の経箱に収められている『一切経』は、長く巻子本で伝来したが、江戸時代の天明年間（一七八一〜八九）になって現在の木版朱《しゅ》刷り雲竜《うんりゅう》文《もん》表紙の折本に改装された。これらの事業に、尊賢僧正が力を尽くしたことは、『大般若経』巻第一・巻第六〇〇の巻末に「但し、蔵本巻経なり。いま便宜によって折本になすものなり」と、尊賢修補の奥書があることからわかる。尊賢は、『石山要記』『石山寺年代記録』など多くの寺誌を著わし、日記『知足庵僧正日記』を遺した人物である。近年、これらの史料が徐々に公刊され、今後活用されることが期待される。

これら経典・聖教類については、各時代に目録が作成されていて、その保全にそのときどきの僧侶が努力したことが知られる。例えば、平安時代はじめの『薫聖教』については、完本ではないが平安時代の目録が存在し、建武年間（一三三四〜三八）に作成された目録をさらに江戸時代に書き写したものなど、さまざまなものが遺っている。また『一切経』や「校倉聖教」の経箱の蓋裏には、その経箱に収納されている経巻・聖教の詳細な目録が記されていて、そのときどきの状況を示している。

それでは、尊賢僧正作成の寺誌類を概観してみる。例えば、『石山要記』の内容の一齣をみると、本堂については、『石山寺縁起絵巻』など引用しながら、「私曰、良弁僧正被建立本堂之図、不伝于後世、其結構今不可知也、最初本堂者、承暦二年二月二日、当寺回禄之時焼失畢、今本堂東西七間、南北五間、但丈間」とあり、さらに「承暦回禄已後再建之、本堂当時現在、東西七間、南北五間、但丈間也、六尺一間而、東西十間五尺、南北七間四尺五寸」と記す。

また多宝塔については、「宝塔　塔高五丈六尺八寸、（中略）是宝塔建立時代不分明、但古老所伝云、鎌倉将軍頼朝卿御建立、今以如是申伝者也」と記す。建物については、いずれも指図を付してある。このような史料引用、自身の見解、いろいろな所伝などを整理して、記されており、その客観的記述は冷静なものになっていて、史料的価値が高い。また『石山寺年代記録』では、石山寺での出来事を年代順に記述してある。

尊賢僧正の寺誌の記述は、石山寺に遺っていた史料を客観的に記しているもので、尊賢のものごとに対する偏見を持たない取り組み方がそこにみられる。尊賢は、当時寺外のいろいろな人たちとの交流がある。そのなかには博物学の学者としての交流が木内石亭《きうちせきてい》などとあり、また前にもふれた松平定信とのつながりも注目される。白河楽翁としてしられる松平定信は、寛政の改革を推し進めた人と知られるが、また古い書画や器物を模写した『集古十種』を編集するなど、博物学にもかかわったことでもしられる人物である。

石山寺の歴史を概観すると、それぞれの時代ごとの現れる真摯な学僧の存在が、多くの重物重書を現在にまで伝えるのに、大きく貢献していることが明らかになってくる。創建にかかわる良弁、石山寺を修学の寺に性格づけた淳祐、『一切経』を発願した念西、『一切経』を完成し、鬼となってまで聖教守護したと伝えられる朗澄、南北朝・室町時代に『一切経』の補写につとめた能賢・空忍ら、江戸時代に寺伝来の文化財の整理保全に努め、自ら寺誌編纂を行った尊賢などの僧の存在があげられる。それとともに源頼朝・淀君などの檀越、そして勧進《かんじん》に応じた貴賤、さらには観音の御利益を求めて参拝する多くの人びとの信仰により、石山寺の現在があるといえる。

明治以降の石山寺

明治時代、慶応四年（明治元＝一八六八）の神仏分離令に始まる廃仏毀釈の波は石山寺にも大きな影響を与えた。

寺周辺に隣接していた多くの子院で、無住であったものは廃止され、明治初年には、石山寺から建造物・仏像・什物・経巻聖教文書などを寺としてまとめて書きあげた書類が役所に提出されている。

そしてそのときそれぞれ子院の経庫《きょうこ》にあった聖教は本坊に集められた。その一群が現在「深密蔵聖教《じんみつぞうしょうぎょう》」とよばれるものである。おおよそ一二〇余箱に収められているが、作りの細部の形状には異なるところがあるとはいえ、その箱の大きさは概ねそろっていて、その多くに墨書がある。例えば、法輪院・明王院・宝性院などの子院名とともに箱制作の年紀やそのときつくった箱数とその何箇目にあたるかが記されており、その聖教が、石山寺のどの子院に伝来したかがわかる。各子院でも、多くの聖教を保持し、学んでいたことがわかる。このとき集められた各子院の聖教類は法輪院の堂舎に保管されていたが、現在は豊浄殿《ほうじょうでん》（収蔵庫）に移され収蔵されている。

なお「深密蔵聖教」という名称は、大正年間、石山寺寺内の経巻・聖教を調査した、大屋徳城氏の命名になる。前に述べた校倉聖教の名称も彼によるものである。この深密蔵聖教も調査が行われ、その全容を示す目録が作成刊行されている。

近代なっての石山寺と文学の関係でいえば、島崎藤村の来寺がある。彼は明治二六年（一八九三）に「むかし紫式部が源氏の風情をうつせし」石山寺を訪ね、『ハムレット』一冊を奉納している。

なお現在石山寺の建物や文化財については、石山寺文化財綜合調査団の組織のもとに、一九七〇年から調査が継続して行われ、一切経・校倉聖教などの経巻や聖教の目録を収める「石山寺の研究」四冊、国宝・重要文化財などを写真図版で掲載する「石山寺資料叢書」シリーズなどが刊行されている。

石山寺には今も西国観音巡礼三十三番札所として、多くの参詣の人びとが訪れる。そして境内に咲く折々の花が訪れた人の目を和《なご》ませる。仁王像に守られた東大門を通り、石畳の参道を進むと右手にやや急な石段、堂々たる懸造りの本堂、優美な多宝塔、そしてその寺名を物語る珪灰石の巨石、それらはときの流れを越えて、観音霊場としての信仰の場を支えてきた。三三年ごとの開扉のときにのみ拝める如意輪観音、そしてその胎内の御像が観音信仰のもとにある。そしてその観音を拝みながら、その信仰の証を経蔵に伝えてきた経典聖教にみることができる。

第三章　仏像と絵画の荘厳

宮本忠雄

西国三十三所の十三番札所、石山寺は、観音霊場として名高く、また紫式部ゆかりの寺としてもよく知られ、今も参詣者が絶えない。

境内の本堂の本尊如意輪観音像《にょいりんかんのんぞう》をはじめ、多宝塔・毘沙門堂・御影堂・東大門・法輪院などの諸堂に仏像が安置され、豊浄殿《ほうじょうでん》という文化財収蔵庫には、仏像のほかに石山寺縁起絵巻や仏画・図像などの絵画類、石山寺一切経、淳祐内供《しゅんにゅうないく》の「薫聖教《においのしょうぎょう》」「校倉聖教《あぜくらしょうぎょう》」などが保存されている。

ちなみに石山寺に伝来する文化財のうち、国指定の文化財は建造物を含めると、次頁の別表の通り国宝一二件、重要文化財三七件、合わせて四九件（六七七八点）を数える。

多くの文化財のうち、石山寺の主要な仏像と絵画について紹介することとする。

本堂の諸尊

国宝石山寺本堂は、平安時代の承暦二年（一〇七八）に焼失した後、永長元年（一〇九六）に再建されたもので、県内最古の木造建築である。傾斜地に本堂が建ち、その前方に相《あい》の間《ま》と舞台造《ぶたいづく》りの礼堂《らいどう》がつながっている。

石山寺所有国宝・重要文化財件数　（平成19年3月31日現在）

		国　宝	重要文化財	合　計
建　造　物		2件（ 2棟）	3件（　 3棟）	5件（　 5棟）
美術工芸品	絵　　画		5件（　14点）	5件（　14点）
	彫　　刻		12件（　29点）	12件（　29点）
	工 芸 品		1件（　 1点）	1件（　 1件）
	書跡・典籍・古文書	10件（88点）	15件（6,640点）	25件（6,728点）
	考古資料		1件（　 1点）	1件（　 1件）
	小　　計	10件（88点）	34件（6,685点）	44件（6,773点）
合　　計		12件（90点）	37件（6,688点）	49件（6,778点）

本堂の内陣《ないじん》という奥まった場所に設けられた左右三間、奥行き二間の大きな宮殿《くうでん》（厨子《ずし》）のなかに本尊木造如意輪観音半跏像《はんかぞう》（図1）と両脇侍が安置される。宮殿正面扉の前に本尊の御前立像《おまえだちぞう》（近世）、宮殿の両側に木造三十三応現身《おうげんしん》立像三三軀（中世）、宮殿に向かって左の脇の間に木造不動明王《ふどうみょうおう》坐像（平安）、向かって右の脇の間に近年に発見された本尊像内納入品ならびに脇侍金剛蔵王《こんごうざおう》立像の心木《しんぎ》が安置されている。このほか本堂後陣《こうじん》角に天部像三軀（平安）が安置されており、これ以外のかつて本堂に安置されていた仏像は、境内山手の豊浄殿に移されて保存されている。

創建時の石山寺については、正倉院文書《しょうそういんもんじょ》に記録があって、本尊を「観世菩薩」、両脇侍を「神王二柱」と称していた。三尊は造東大寺司の造石山院所で造立された塑造《そぞう》つまり土を素材とした仏像で、像高は本尊が一丈六尺、脇侍は六尺であったという。天平宝字五年（七六一）一一月一七日に造像に着手し、翌年二月一五日に舎利《しゃり》を像内に納入し、八月一二日の彩色終了をもって完成したことがわかる。しかしながら、承暦二年（一〇七八）正月に石山寺が火災に遭ったさい、これらも被災したとみられている。

現在、本堂内陣の宮殿のなかに安置される本尊如意輪観音半跏像《にょいりんかんのんはんかぞう》は、

図1　本尊木造如意輪観音半跏像
平安時代(11世紀)・永長元年(1096)頃／坐高301.2cm／重文

重文指定の平安時代後期の木彫で、坐高三〇一・二センチのいわゆる丈六仏《じょうろくぶつ》である。垂髻《すいけい》を結い、左手は膝の上で手のひらを仰いで五指を伸ばし、右手は臂《ひじ》を曲げて手のひらを前方に向けて第一・三指で蓮華の茎（後補）を執る二臂《にひ》像で、条帛《じょうはく》・天衣《てんね》・裳《も》を着け、自然石（硅灰石《けいかいせき》）の岩盤の上に据えた木製の蓮台上に右足を折り曲げ左足を踏み下げて坐る半跏像である。寄木造《よせぎづく》りで、肉身に漆箔《しっぱく》を施し、着衣に金泥《きんでい》や朱による彩色があることもあって、材質および構造の詳細は不明である。円満な相好や穏やかな衣文《えもん》線など、全体に温和な定朝様《じょうちょうよう》の作風であるところから、本堂が再建された永長元年（一〇九六）頃に造立されたとみてよいであろう。

本尊は、勅封の厳重な秘仏であるため、三三年に一度か、天皇の即位後か、特別の理由がない限り開扉されることはないという。近年では昭和三六年（一九六一）、平成三年（一九九一）に開扉され、ごく最近では平成一四年（二〇〇二）八月一日から石山寺開基一二五〇年を記念して宮殿中央の扉が開かれたのであった。この折りに本尊の文化財保存状況等の調査が行われ、次のような新たな発見があったのである。

図２　木製厨子

鎌倉時代・寛元３年（1245）／全高48.8cm、最大幅41.4cm、最大奥行17.5cm／座主実位（墨書銘執筆者）／重文（本尊像内納入品）

本尊の体部背面上部（背中）に設けられていた方形の蓋板《ふたいた》を取り外すと、像内内刳《うちぐ》り部の胸部あたりに設けられた棚板の上に、ヒノキ材製の小型の厨子（全高四八・八センチ、最大幅四一・四センチ、最大奥行一七・五センチ／図２）が安置されていたという。そのなかには四軀の銅造の仏像および舎利入り水晶製五輪塔（全高四・三センチ）一基が納められていた。この厨子の蓋表と身の背面とに鎌倉時代の寛元三年（一二四五）五月の墨書銘があり、金銅仏・仏舎利・本尊の伝来等について座《ざ》主《す》実《じつ》位《い》によって執筆されていた。なかに納められていた銅製の仏像四軀は、飛鳥時代の銅造如来立像（像高二六・三センチ／図3）、銅造観音菩薩立像（その一、全高三二・五センチ／図4）、奈良時代（八世紀）の銅造観音菩薩立像（その二、全高三四・九センチ／図5）、飛鳥時代の菩薩立像（全高二七・六センチ／図6）で、像高が二〇センチから三〇センチ程度の小像で、もともと一具ではなく、銅造如来立像には火中痕があった。

図3　銅造如来立像
飛鳥時代／像高26.3cm／重文（本尊像内納入品）

図4　銅造観音菩薩立像（その一）
飛鳥時代／全高32.5cm／重文（本尊像内納入品）

図5　銅造観音立像（その二）
奈良時代（８世紀）／全高34.9cm／重文（本尊像内納入品）

図6　銅造菩薩立像一躯
飛鳥時代／全高27.6cm／重文（本尊像内納入品）

当初の本尊であった塑造の観音像（古像）内に納められていたと見られるこれらの仏像を、鎌倉時代の座主実位の時に修理し、新たに厨子をつくって尊像を納め直したものとみられる。像内に金銅仏が納入されていることは江戸時代の当寺座主尊賢《そんけん》（一七四二〜一八二九）の『石山寺年代記録』等に記述されていたが、このたびの調査で納入品が確認されて、尊賢の記録と厨子表裏の墨書銘とが一致したことが明らかになった。これらの納入品は本尊如意輪観音半跏像と同等の価値があるとして重要文化財に追加指定されたところである。

石山寺の本尊と脇侍の名称は、正倉院文書では中尊像を「観世菩薩」、両脇侍を「神王」と称しているが、『覚禅鈔《かくぜんしょう》』など平安時代の文献では三尊を「如意輪」「執金剛神《しゅうこんごうしん》」「金剛蔵王《こんごうざおう》」と記述していることから、本尊を如意輪観音と呼ぶのは石山寺が真言密教寺院となった平安時代になってからのことと思われる。

本尊の両脇侍は等身大の立像である。肉身を朱色とする左脇侍（本尊に向かって右側）の執金剛神《しゅうこんごうしん》立像は、塑造ではなく木造で、しかも近世の再興時の作である。これに対し、右脇侍の金剛蔵王《こんごうざおう》立像は蔵王権現《ざおうごんげん》とも言い、肉身は緑色で、木製の面相部以外は塑造であった。表面が風化し、随所に亀裂が入り、左足首は塑土が脱落して心木《しんぎ》が露出するなど損傷が著しかったため、近年に保存修理が行われたところである。

修理中に像表面の江戸時代の塑造部分を少しずつ取りはずしていったところ、なかからあらわれた心木が造像当初の奈良時代の塑像の心木であることが判明した。心木は像高一五九・八センチ、頭部・体部・脚部の概形をあらわすもので、左手をやや拡げ、右手は屈臂《くっぴ》してあげて拳《こぶし》を作り、左足を立て、右足をあげる。背面に腰から裙《くん》の裾までの概形をあらわして左方になびかせる。ヒノキ材かと思われる針葉樹材製で、体幹部の正中よりやや左寄りで左右二材を矧《は》いで、概形を粗彫りする。根幹部右方材と左方材との間に三角形状の材をはさむ。

台座は、マツ材四材を井桁《いげた》状に組み、その上に正面右角から左側面材にかけて斜めにヒノキの板を載せ、方形の孔《あな》二個を穿《うが》っている。このうち向かって右の孔に左足を差し込んで像を立てる。現在、右足をあげているが、台座には右足を入れるための孔があることと、右足と大腿部の木心の位置が同じであることから、右足はもともと体部材と共木であったと推定され、当初は両足を地につけて立っていたのを、のちの時代に切断して足をあげる姿に改変したものと考えられる。

江戸時代の文政一三年（一八三〇）の大地震で壊れた面相部が別の場所に保管されていたので、それらを点検したところ、なかから奈良時代当初の髻《もとどり》、目、鼻、歯をあらわした口などの塑造断片一一点が発見された。また、心木の胸部の縦に刳った部分から江戸時代の舎利および『般若心経』の納入された木製の五輪塔形が発見されている。

塑造金剛蔵王立像の心木は（図7）、石山寺創建当初の天平宝字六年（七六二）に造立された塑像の遺物であり、わが国の文化史上・彫刻史上、極めて貴重であるところから、塑造断片・光背・心木内納入品とともに重要文化財に指定されたところである。この心木は、本堂内陣の宮殿に向かって右側の脇間に安置して公開されている。なお、石山寺では、塑造金剛蔵王立像の心木を精密に模造し、これに塑土を盛りつけて新たに塑造による金剛蔵王立像を造像したところであり、本尊の右脇侍として安置されることになっている。

次に、本尊以外の尊像についてふれてみよう。本尊宮殿に向かって左側の脇間に安置される木造不動明王坐像（図8／重文）は、大きな迦楼羅焔光《かるらえんこう》を背負い、瑟々座《しつしつざ》に坐す像高八六・七センチの等身の像。顔を正面に向け、頭頂に八弁の莎髻《しゃけい》を結び、総髪をあらわし、左耳前から胸にかけて弁髪《べんぱつ》が垂れる。眉をつりあげ、

図7　塑造金剛蔵王立像心木
天平宝字6年（762）／像高159.8cm／重文

図8　木造不動明王坐像
平安時代（10世紀）／像高86.7cm／重文

両眼（彫眼）を大きく見開き、上の歯で下唇を噛んで怒りの形相をあらわす。条《じょう》帛《はく》・裳を着け、臂釧《ひせん》・腕釧《わんせん》を刻みだし、左手に羂索《けんさく》、右手に宝剣を持って結跏趺《けっかふ》坐《ざ》する姿で、肉身には朱彩が残る。頭体を通して主要部は、両臂《ひじ》あたりまでを含めてヒノキの一材から彫成し、体部の後方に木心をこめる。腰脇に三角材を当て、膝前部は横木一材製で内刳りを行って、これを腹部の下にくい込ませるようにして矧《は》ぎつける。頭部を大きくつくり、目鼻も大きく豪快に彫出する。その迫力みなぎる怒りの表情は巧みで、胸から腹部にかけての肉づけも厚く、量感豊かな像である。制作は平安時代の一〇世紀と見られる。

本堂後陣の北東の隅（向かって右奥）に安置される三軀の木造天部立像（重文）のうち、等身大の持国天《じこくてん》・増長天《ぞうちょうてん》の二天が一具の像で、半丈六の毘沙門天《びしゃもんてん》像とは別の作である。

図11　木造毘沙門天立像
平安時代（11世紀）／像高262.1cm／重文

図９　木造持国天立像
平安時代（12世紀）／像高162.1cm／重文

図10　木造増長天立像　一五八・八
平安時代（12世紀）／像高158.8cm／重文

二天像のうち、持国天（図9）は像高一六二・一センチ。左手をあげ、閉口し、鎧をまとって右手は腰で刀を執り、右足に重心を置いて邪鬼を踏みつけて立つ。増長天（図10）は像高一五八・八センチ、右手をあげ、開口し、左足に重心を置く。この両像は、彫眼で、根幹部は頭体を通してヒノキ材の前後左右四材矧《は》ぎで内刳りのある寄木造《よせぎづく》りの像。素地の上に截金《きりかね》文様を施す。忿怒《ふんぬ》の表情であるが、全体に穏やかで一二世紀中頃の制作と見られる。

二天像の後方の巨大な毘沙門天立像（図11）は、瀬田の毘沙門堂から移されたといわれ、兜と鎧をつけ、左手に宝塔を捧げ右手は垂下させて戟《げき》の柄を持って邪鬼の上に立つ。ヒノキ材の寄木造からなるが、体幹部は、一木を前後に二つ割りとし、前後材の間に中間材をはさんで厚みを増すもので、大略、前後三材矧ぎになる。前面材は頭部から足の下の邪鬼の前半まで一材、後頭部に別材をあて、背面材は襟下から足と邪鬼の後半部までを一材で彫出して、内刳りを施して矧ぎ寄せる豪快な構造である。太造りの体軀で、表情も重厚にあらわされる。制作は平安時代後期の一一世紀頃にさかのぼるであろう。

豊浄殿などの諸尊

境内山手に建設された豊浄殿《ほうじょうでん》は昭和四五年度に竣工した鉄筋コンクリート造の文化財収蔵庫である。石山寺の文化財のうち、絵画、彫刻、工芸品、書跡・典籍・古文書、考古資料、歴史資料などのいわゆる美術工芸品の大部分が収蔵されている。まず、豊浄殿安置の仏像から見ていくことにする。

銅造釈迦如来坐像（図12／重文）は、像高一四・一センチ。経蔵の本尊と伝えられる像で、鋳銅製である。頭部・体部・台座までを一鋳《いっちゅう》で制作し、表面に鍍金《ときん》を施す。像内には空洞がある。童顔で、頭部に螺髪《らほつ》はな

図12　銅造釈迦如来坐像
白鳳～奈良（８世紀）／像高14.1cm／重文

図13　金銅観世音菩薩立像
奈良時代（８世紀）／像高60.3cm／重文

い。両肩を覆う衲衣《のうえ》を着け、施無畏印《せむいいん》・与願印《よがんいん》の通仏相《つうぶつそう》をあらわす。像底に十文字の造り出しがあり、中央に孔が開いているところを見ると、あるいは蓮華の茎のようなものに支えられていたかも知れない。奈良時代（八世紀）の作。

金銅《こんどう》観世音菩薩立像（図13／重文）は、鋳銅製で、像高六〇・三センチ。蓮肉を含め像の大半を一度に鋳造している。頭部と両手先を欠く。昭和二三年に盗難に遭い、宝冠をつけ笑みを浮かべた頭部だけが戻らなかった。条帛・天衣をかけ、裳をつけて、腰を右に捻って立つ姿で、伸びやかな肉身に比べ、脚部の衣文の表現はいくぶん硬い。両肩にかかる垂髪の上の蓮台付きの宝珠形、臂釧《ひせん》、腹部の大ぶりの花飾りや腰に巻くベルトの文様や瓔珞《ようらく》などをあらわす装飾性の豊かな像である。奈良時代（八世紀）の作。

木造維摩居士《ゆいまこじ》坐像（図14／重文）は、像高五一・五センチ。頭巾《ずきん》をかぶり、衲衣《のうえ》をまとい、体をやや前にかがめて、半円状の脇息《きょうそく》に両臂をついて坐る唯摩居士像であ

図14　木造維摩居士坐像
平安時代（９世紀）／像高51.5cm／重文

図15　木造大日如来坐像
平安時代（９世紀）／像高96.6cm／重文

る。額に皺を寄せ、大きな眉にくらべて目は小さく作り口をしっかりと結んで理知的な表情をあらわし、いくぶん笑みをたたえているようにも見える。顎ひげを長くのばす表現は巧みで、心憎いばかりである。両手先・脇息を含めてヒノキの一材から彫成する。体部には像底から円錐状に内刳りが施され、底板が打ち付けられていた痕跡をとどめている。脇息に唐草文や花文が認められ、当初から彩色像であったものと見られる。

上半身が大きいのに対し下半身が極度に圧縮された造形となっているが、それほど不自然さはない。小像にもかかわらず全体にどっしりとした量感があり、衣文《えもん》には深く鋭い刀法が見られることなどから制作は九世紀前半にさかのぼるであろう。

木造大日如来《だいにちにょらい》坐像（図15／重文）は、もとは多宝塔の本尊といわれる像高九六・六センチの金剛界の大日如来像である。垂髻を結い、天冠台《てんかんだい》を彫出し、目は彫眼、耳朶《じだ》を環状にあらわす。条帛を懸け裳をつける。臂釧、腕釧を彫出し、胸の前で左手のひらを前に向けて智拳印《ちけんいん》を結び、結跏趺坐する。頭体を通して根幹部を針葉樹の一木で彫成する。両腕は臂のあたりまでを体部材と共木で彫出し、臂から先の前膊部に別材を寄せる。右手は手首でさらに別材を矧ぎ、左手は臂から手首先までを一材で彫出する。この両前膊部に竪木を用いているところは珍しい。両腰脇も体部材から彫出し、別材製の横木一材製の膝前部を体部に寄せている。なお、頭部には内刳りはないが、面相部を髻の前面を含んで両耳前を通る線で仮面状に矧いでいる。あるいは当初の顔が気に入らず、やり直したのであろうか。

背中に方形の背刳りを設け蓋板（幅九・五センチ、縦二三・五センチ）を当てる。その内刳り部の狭い空間に、蓮形の舎利《しゃり》容器と紺紙金字《こんしきんじ》宝篋印陀羅尼経《ほうきょういんだらにきょう》、明治四一年（一九〇八）の石山寺住職菅原真照による「大日尊像中之記」の三点が絹の袋に納められていた。この記録によると、石山寺多宝塔大日如来尊像は古来、頼朝の念持仏といわれ、国宝指定を契機に修理におよんだところ、像背面内刳り部に金胎両部《こんたいりょうぶ》蘇悉地《そしつじ》等の儀軌《ぎき》を入れた筒が納められていたが、保存を図るために取り出して宝庫に収蔵し、その代わりとして蓮形舎利容器と宝篋印陀羅尼経とを納入したという。これらの納入品は今も像内にある。

宝髻《ほうけい》の結び紐や唇に朱彩、顔や胸の一部に肉色、天冠台や臂釧に漆箔《しっぱく》を施すほか両膝あたりの着衣に鮮やかな鱗繋文《うろこつなぎもん》の截金文様《きりかねもんよう》が認められる。太い眉、大きな鼻、分厚い唇、張りのある頬など、面相は重厚で森厳さが漂う。体部も肩が張り、いくぶん上体を後方に反らし、胸から腹部にかけての肉付けもどっしりしていて、重量感に富む。条帛に刻まれた二個の渦文《かもん》や膝にかかる翻波式衣文《ほんぱしきえもん》も洗練されたもので、切れ味も鋭い。両膝の間の裳先の出の小さいところも古様。九世紀頃の制作と見られ滋賀県内最古の大日如来坐像である。

木造如意輪観音半迦像（図16／重文）は、像高四〇・三センチ、総高六一・三センチの像で、旧の御前立

図16　木造如意輪観音半跏像
平安時代（10世紀）／総高61.3cm／重文（旧前立尊）

像といわれている。頭上に宝冠を刻み、目は彫眼、左手を膝上に伸ばし、右手を屈臂し、岩座の上で右足を折り曲げ、左足を踏み下げて坐る二臂の如意輪観音像である。像と岩座との間に蓮華座はない。両臂あたりから手首までを別材矧ぎとし、両手首で脱着可能な両手先（後補材）を矧ぐほかは、頭上の宝冠、天衣遊離部を含む像本体のすべてと、台座の岩、左足下の蓮華までを含みカヤの一材で彫成するもので、内刳りはなく、本体全面に漆箔が施される。

宝冠は大きく高く、面相は頬の肉付けも豊かで、目鼻立ちも大ぶりとし、奥行きが深い。体部も肩幅が広く、奥行きがあって小像と思えぬほど量感に富む。太造りであるが、丸みを持った肉身や衣文の表現などから、一〇世紀の制作と考えられ、当初の塑造本尊の御前立として安置されていた可能性が強く、現本尊の丈六の如意輪観音半跏像と同様の姿であるが、現本尊は承暦二年（一〇七八）の石山寺の大火後の造像と見られるので、本像が石山様如意輪観音像の最古像として注目される。

木造阿弥陀如来坐像（図17／県指定）は、像高五五・八センチ。明治時代の神仏分離のさいに、現在の大津市国分二丁目の近津尾《ちかつお》神社から石山寺に移されたといわれている。同社は、近津尾八幡とも呼ばれ、神体は八幡社の本地仏阿弥陀如来であったという。

図17　木造阿弥陀如来坐像
平安時代（10世紀）／像高55.8cm／県指定

本像は、衲衣《のうえ》を偏袒右肩《へんたんうけん》に着け、腹部の前で定印《じょういん》を結んで結跏趺坐する阿弥陀如来像である。頭体を通して主要部を針葉樹一材で彫成し、これに一材製の両膝部を矧ぐ構造で、内刳りはない。頭部は卵形で、目は細く、鼻や唇も小造りにあらわし、表情が穏やかであるところや、頭部の肉髻と地髪との境を明瞭にせず、髪際線が顔に深くかぶさるところに特徴がある。なで肩で量感を抑えた体軀は奥行きが深く、膝の出も大きい。上体に比し膝前部の厚みは薄く、着衣の衣文も太いが鋭さはない。像底に打ち付けられた一枚の板は、像後方に向かうにつれ次第に厚みを増す後補材である。それによって像は垂直に安置されているが、この底板がなければ上体をかなり後方に反《そ》らして坐る姿勢となる。

本像は、滋賀善水寺薬師如来坐像等のいわゆる天台系薬師像の特徴に通じるところから、平安彫刻が和様化に向かう過渡期的な時期にあたる一〇世紀末頃の造像と考えられ、小像ながら県内における木造阿弥陀如来坐像の最も古い遺例の一つとして彫刻史上重要である。

かつて本堂内陣宮殿の裏側の後陣という空間に安置され、今は豊浄殿に移されている尊像のうち、近年の修理等で造像当初の姿に蘇った像についてふれておくと、木造地蔵菩薩立像は像高三九・四センチ、一〇世紀の一木造り。また、木造如意輪観音坐像は石山寺では珍しい六臂《ろっぴ》の如意輪観音で、像高五六・四センチ、一木の内刳りのない像である。一〇世紀末頃の造像になるが惜しいことに六臂のすべてが後補となる。木造大日如来坐像は像高六七・六センチ、一木割矧造《わりはぎづく》りで一二世紀の作とみられる。

毘沙門堂安置の木造兜跋毘沙門天《とばつびしゃもんてん》立像（図18／重文）は、像高一七四・二センチ。兜跋とはチベットの長い外套《がいとう》のような上着を意味するという。鳥形をつけた冠を戴き、西洋の鎧に似た海老籠手《えびごて》をつけた姿の像が中国唐代に流行し、わが国でも平安初期から王城鎮護のため神として崇められるようになった。なかでも東寺の兜跋毘沙門天立像（国宝）は、平安京の羅城門《らじょうもん》上に安置されていたといわれ有名である。

石山寺の兜跋毘沙門天は、ほぼ等身大の像であるが、東寺像とは異なって、宝冠はなく、中国風の鎧をつける。右手に戟《げき》、左手に宝塔を持ち、左腰に長刀をつけ尼藍婆《にらんば》・毘藍婆《びらんば》の二鬼を左右に従えた地天女のひろげる両手の上にすっくと立つ。ヒノキの一材で彫成し、肉身には朱系統の彩色、鎧・着衣には漆箔や緑青を多用し、宝相華唐草文《ほうそうげからくさもん》などの彩色文様が施されている。頭部は小さめで肩幅は広く、面奥・体奥も深い。下半身を大きくあらわして重量感のある像である。制作は九世紀後半頃とみられる。

図18　木造兜跋毘沙門天立像
平安時代（9世紀）／像高174.2cm／重文

法輪院安置の木造如意輪観音半跏像（図19／県指定）は、坐高五八・三センチ。持仏堂の秘仏本尊で、黒漆塗りの春日厨子《かすがずし》のなかに安置されており、二臂《にひ》であることと

図19　木造如意輪観音半跏像（法輪院安置）
平安時代（12世紀）／坐高58.3cm／県指定

図20　塑造淳祐内供坐像
応永５年（1398）／像高77.6cm／重文

左足を踏み下げるところに特徴がある。右手に蓮華を執り左手は垂下して手のひらを仰ぎ、右足を折り曲げて半跏とし、左足を踏み下げて岩座の上に坐す姿は、石山寺本堂（国宝）の内陣に安置される丈六の秘仏本尊（平安時代の一一世紀末頃の作）とほぼ同様で、両脇に後補ながら忿怒形《ふんぬぎょう》立像《りゅうぞう》を脇侍として安置するところや、持物（如意宝珠つきの蓮華）の形式も共通する。

　像はヒノキ材を用い、頭部は一材を前後に割り矧ぎ、体部は前後に二材を寄せて、それぞれ内刳りし、頭部を体部に差し込む技法で、体部に別材製の腕や膝前部、腰脇部、垂下する左足をそれぞれ矧ぐ寄木造りの構造である。

　頭・体の各部はよく均斉がとれ、丸い面相に目をやや伏し目にあらわし、撫で肩で、着衣の衣文の彫り口も浅く定朝様の洗練された作風であるが、目に玉眼《ぎょくがん》を嵌めるきりっとした表情や体部の肉取りならびに着衣に見られる写実的な表現などから勘案すると、制作は、平安時代末期の一二世紀後半とみられ、数少ない石山様如意輪観音像の優品として貴重である。

御影堂《みえいどう》安置の塑造淳祐内供《しゅんにゅうないく》坐像（図20／重文）は、像高七七・六センチ。天暦七年（九五三）に六四歳で亡くなった石山寺普賢院の淳祐内供像である。良弁僧正像（近世）・弘法大師像（南北朝時代）とともに御影堂に安置されている。淳祐は、菅原道真の孫にあたり、観賢のもとで出家し、真言の修行をつんだ。病弱のため石山寺に籠って専ら真言密教の教学を研究し、自筆の「薫聖教《においのしょうぎょう》」など多くの著述を残した。像は、塑造で玉眼を嵌入し、彩色仕上げとする。額や口もとに皺を寄せ、独鈷杵《どっこしょう》と数珠《じゅず》を執って坐る姿で、のどや胸元などに痩身の老僧の姿を巧みにあらわしている。鎌倉後期から室町時代にかけて肖像彫刻に塑造の作例が見られるが、本像も塑造からなり、応永五年（一三九八）に開眼供養《かいげんくよう》されたことが台座裏面の造像墨書銘から判明しており、さらに像内から明徳三年（一三九二）、同四年の墨書のある地蔵摺仏《しゅうぶつ》、塔婆形木札《とうばがたもくさつ》、種《しゅ》子陀羅尼《じだらに》・願文《がんもん》などなどの納入品が発見されている。

多宝塔の本尊と柱絵

石山寺多宝塔《たほうとう》（国宝）に本尊として安置される金剛界の大日如来坐像（図21／重文）は、ヒノキ材の寄木造りで、玉眼を嵌入する。像高一〇一・七センチ。頭体幹部を通して正中線で左右二材を寄せ、内刳りを施し割首《わりくび》とする。髻を高く結い、条帛・裙・腰布を着け、胸前で智拳印《ちけんいん》を結び、右足を外にして結跏趺坐する。像内体部には矧ぎ目を中心に布貼りを施し、全面に黒漆を塗る。像内頭部には黒漆を塗らずに内側から水晶製の玉眼を嵌め、右耳から面相部を通り左耳、左後頭部にかけて墨書がある。左耳孔あたりに「アン（梵字）阿弥陀」とあるほか「万アミタ仏、円アミタ仏、了アミタ仏、金アミタ仏、忍アミタ仏」などの名が墨

図21　木造大日如来坐像

鎌倉時代（12世紀）／像高101.7cm／仏師快慶／重文（多宝塔本尊）

図22　石山寺多宝塔柱絵のうち軍荼梨明王像

鎌倉時代（12世紀）／総高228cm、径30.3cm／重文

書されており、本像が仏師快慶《かいけい》とその弟子たちによる造像と認められる。造像の年紀や願文はないが、宝髻《ほうけい》の装飾的な表現や引き締まった目鼻立ち、耳の造形、両膝部の衣文《えもん》線を美しく整えたところなどは、仏師快慶の無位時代（建仁三年法橋叙任以前）の若々しい颯爽とした作風に通じるところから、多宝塔建立の建久五年（一一九四）頃に仏師快慶によって造像され、塔建立当初からの本尊として安置されてきたと考えてよい。

石山寺多宝塔柱絵《はしらえ》（図22／重文）は、本尊大日如来坐像の須弥壇《しゅみだん》の四方にある四天柱に描かれた仏画のことである。床の部分に蓮座《れんざ》のある円柱（直径三〇・三センチ）で、天井長押《なげし》から蓮座までの約二・二八メートルの間に、五段の文様帯と四段の尊像帯を設ける。東南柱と西南柱には各一六体、東北柱と西北柱には来迎壁《らいごうへき》が接続するため各一体、合計五四体の尊像が描かれていたと考えられる。柱に麻布《あさぬの》を貼り、その上に白色下地を作って描かれている。柱の下方は顔料の剥落がはなはだしく、現在は全体で二〇体ほどの尊像が確認できるのみである。比較的彩色の残る上方段では、大日如来をはじめとする金剛界五仏《こんごうかいごぶつ》、四波羅蜜菩薩《しはらみつぼさつ》、十六大菩薩《じゅうろくだいぼさつ》などが確認でき、金剛界三十七尊を中心に構成していると見られ、これに坐像の五大明王《ごだいみょうおう》を加えている。柱絵の作風は、理知的な表情のなかにも優美な院政期仏画のなごりが見いだされ、平安から鎌倉にいたる過渡期の仏画の高い水準を示すものといわれ、的確な描線や丁寧な彩色により多宝塔創建期の作風をよくとどめた仏画として貴重であるとして重要文化財に指定されている。

石山寺は、真言密教を学ぶ道場であるが、真言密教の教えをあらわすいわば真言密教のシンボルが多宝塔である。本尊として須弥壇上の蓮華座に快慶作の木造大日如来坐像（金剛界）を安置し、その回りの四天柱に金剛界三十七尊や五大明王などの仏画が描かれ、まさに金剛界曼荼羅《こんごうかいまんだら》の一部を立体的に表現しているといえよう。

『石山寺縁起絵巻』と仏画

紙本著色《しほんちゃくしょく》『石山寺縁起《いしやまでらえんぎ》絵巻』（図23／重文）は、石山寺の草創にはじまり、皇室・公家の参詣、寺僧の事跡等を編年的に記し、本尊の二臂如意輪観音《にひにょいりんかんのん》の霊験のあらたかさを説く七巻三三段からなる大和絵の美しい絵巻物である。各巻の天地（縦）の寸法が三四センチ前後。一巻の長さが平均約一六メートルで、七巻の全長を合算すると実に一一二・八三メートルにもなり、紙数も二一〇枚を数える。

序文の詞書《ことばがき》から、後醍醐天皇の時代の正中年間（一三二四～二六）頃に絵巻の制作が企画され、絵詞が撰

図23-①　巻第１第１段　琵琶湖の南岸で祈るように聖武天皇より勅命を受けた良弁僧正が岩の上で釣りをする比良明神に会う

図23-②　巻第１第４段　延暦23年に石山寺で常楽会を行った

図23-③　巻第２第７段　寺領で殺生禁断のこと

図23　石山寺縁起絵巻

巻第１～３＝南北朝（14世紀後半）、巻第４＝室町（明応６年）、巻第５＝南北朝、巻第６～７＝江戸（文化２年）／縦33.7～34.3cm／全長1361.4～1927.5cm／巻子装・全７巻／重文

図23-④　巻第３第２段　東三条院、御菩提を祈るために参詣、逢坂の関を越える

図23-⑤　巻第４第２段　御簾(みす)をめぐらしたところに出家した藤原道長と思われる僧形の姿がみえる

図23-⑥　巻第４第５段　本堂火災のとき、本尊が火中より飛び出し池の柳にかかる

図23-⑦　　巻第５第１段　藤原国能の妻が参籠して如意宝珠を授かる(夢を見る)

図23-⑧　　巻第６第２段　朗澄律師、聖教を護るために死後に鬼になることを祈願した

図23-⑨　　巻第７第２段　身売りした娘が嵐の湖水から白馬に救われる

述されたようである。制作企画には、皇室と外戚関係にあった洞院《とういん》家の公賢《きんかた》とその異母弟にあたる石山寺座主益守《やくしゅ》が深く関与したと考えられる。

内容は、石山寺が皇室・公家と深い関係にあることがわかる場面が目につく。冒頭に良弁が聖武天皇の勅願で如意輪観音を本尊として寺を開基したことを記し（図23—①）、仏閣を建てようとして地を削ったところ五尺の宝鐸を掘り出した話、石山寺常楽会《じょうらくえ》（涅槃会《ねはんえ》）の盛行の様子（図23—②）、宇多法皇の御幸、東三条院の参籠《さんろう》、紫式部が参籠して『源氏物語』の構想を練った源氏の間から湖水に写った月を見て、はじめて筆をとり『大般若経』の料紙に書き始めた話、承暦二年に本堂が焼け、本尊の観音が飛び出して池の中島の柳にかかった話（図23—⑥）、貧しい娘が観音を念じると白馬に難を救われた話（図23—⑨）、末尾では後醍醐天皇の即位と後宇多法皇の院政のことを記している。

現存する七巻の絵巻は、正中年間に同時に完成したのではない。巻第一・二・三の三巻は、一四世紀後半の作とみられ、詞書が石山寺座主杲守《こうしゅ》、絵は宮廷絵師高階隆兼《たかしなたかかね》の一門によるものか。巻第五は、巻第一から巻第三までの三巻といくぶん筆致が異なるが、絵師の名はわからない。詞書は冷泉為重《れいぜいためしげ》（一三二四～八五）の筆と見られている。第四は、明応六年（一四九七）に三条西実隆《さんじょうにしさねたか》（一四五五～一五三七）が詞書を書写し、絵は土佐光信《とさみつのぶ》の手になるという。三条西実隆が第四の詞書の執筆に関与するまでは、石山寺縁起は巻第一・二・三と五の四巻のみの存在が知られていた。さらに、巻第六・七は、江戸時代の文化二年（一八〇五）に補われている。巻第七の巻尾に松平定信《まつだいらさだのぶ》の跋文《ばつぶん》があり、縁起七巻の製作に携わった絵師の名と詞書の筆者の名と、巻第六・七の製作の経緯について記されている。その一五〇年ほど前の明暦元年（一六五五）頃に飛鳥井雅章《あすかいまさあき》によってすでに書かれていた詞書を、石山寺尊賢《そんけん》座主が松平定信に託し、定信が谷文《たにぶん》

図24　絹本著色仏涅槃図
鎌倉時代（13世紀）／縦249.1cm×横281.2cm／重文

晁《ちょう》一門に指示して描かせたものであることがわかる。

　このように石山寺縁起七巻は、正中年間に企画され、巻第一から三までと巻第五が南北朝時代、巻第四が室町時代、巻第六・七が江戸時代にそれぞれ作成されて、ざっと四八〇年もの永い年月をかけ、複雑な過程を経て制作されてきたものである。

　石山寺の仏画のなかで最も代表的な作品は、絹本著色《けんぽんちゃくしょく》仏涅槃図《ぶつねはんず》である（図24）。重文に指定され、縦二四九・一、横二八一・二センチの掛幅装である。やや横長の五副一鋪の大画面に釈迦の涅槃の情景を描いたもので、周囲に宝相《ほうそう》華《げ》の描表装《かきひょうそう》をともなう。色彩は、朱の具や白緑・白群、黄土など色調の明るいものが用いられ、大幅にふさわしいのびやかで明るい趣きのあるところに特徴がある。

　釈迦が横たわる宝台《ほうだい》を釈迦の足もと側から見た構図は、応徳三年（一〇八六）の金剛峯寺《こんごうぶじ》本をはじめとする平安時代の涅槃図に共通のもので、古い涅槃図の特徴の一つである。釈迦は蓮台を枕に右脇を下に、膝を伸ばして足先を開いて横臥《おうが》する姿勢で、右手を曲げて宝台の縁に出して、腕枕はしない。左手は体側にそって伸ばす。頭部に金泥で円光をうっすらとあらわし、目は半眼に見開き、胸に火焔つきの卍を描くなど、普通の涅槃図には見られない特徴が多い。宝台を取り囲む会衆は六四と多く、動物は一〇種一二点を数える。虚空には散華《さんげ》、飛天《ひてん》、香炉が舞い、丈の低い沙羅双樹《さらそうじゅ》が描かれる。図の上方に跋提河《ばつだいが》をあらわすが、摩耶夫《まやぶ》人《にん》の姿はなく、二月一五日の満月も描かれていない。宝台の前の向かって右には香炉・花器・水瓶《すいびょう》などをのせた華麗な供養台、左に僧衣をのせた卓を置く。釈迦の錫杖《しゃくじょう》は枕元の宝台に立てかけ、鉢を入れた包みは左端の沙羅双樹の幹に掛けているところや、釈迦の足もとの東側の沙羅双樹（向かって右端）の梢に大きな蜂が飛んでいるところも珍しい。

涅槃図は、二月一五日の釈迦の命日に営まれる涅槃会の本尊として数多く制作されてきたが、南北朝時代に描かれた『石山寺縁起絵巻』の巻第一の第四段に、石山寺常楽会（涅槃会）が平安時代初期の延暦二三年（八〇四）に始まったという記述があ（図23―②）。

本図は、平安時代の涅槃図の形式を踏襲しているものの、会衆の数が多くなり、釈迦が小さく描かれるところは鎌倉時代以降の涅槃図に認められる特徴であるところから、制作は鎌倉時代前期（一三世紀）と考えられ、わが国の中世仏教絵画の中でも特に注目すべき作例である。あるいは石山寺涅槃会の盛んな頃に、本図が本尊として用いられていたことも考えられる。

図25　絹本著色不動明王二童子像
室町（14世紀）／縦126.5cm×横75.5cm／重文

絹本著色不動明王二童子像（図25／重文）は、縦一二六・五×横七五・五センチの掛幅装である。画面中央に右手に宝剣、左手に羂索《けんさく》を持ち瑟々座《しつしつざ》に坐る青い肉身の不動明王を大きく描き、前方左右の合掌する白い肉身の矜羯羅童子《こんがらどうじ》と、左手で棒を地につき、右手はその上で頬杖をつく赤い肉身の制多迦童子《せいたかどうじ》がそれぞれ一重の瑟々座に立つ。不動明王は巻き毛で、弁髪を左耳に垂れ、頭上に蓮華を戴き、顔をいくぶん斜め右にむけながら、両眼を見開き、上の歯で下唇を嚙む忿怒《ふんぬ》の形相をあらわす。いわゆる東寺様の像容を示している。条帛・裳に華やかな文様を描き、胸飾りをつける。首から花飾りのついた紐を腹前に垂らすところは古い形式を踏襲しているが、臂釧を羯磨形《かつまぎょう》にあらわすところは珍しい。大きな火焔光背には形式化した迦《か》楼羅《るら》の頭部七個を描く。制作は室町時代前期頃（一四世紀）であろう。

　絹本著色十羅刹女図《じゅうらせつにょず》二幅（縦九八・五×横四五・七〜六四・八センチ）は、十二単を着け飛雲に乗った十羅刹女一〇人が三組描かれる。『法華経』の受持者を守護する十羅刹女を濃厚な彩色で描く鎌倉時代（一三世紀）の作品である。

　絹本著色天川弁才天曼荼羅《てんかわべんざいてんまんだら》（縦一〇三・七×横三八・一センチ）は、蛇頭の三面十臂の異形の弁才天で、周囲に眷属と一五童子を描く。天川社から相承したといわれる室町時代（一四世紀）の作。

　肖像画では、絹本著色良弁《ろうべん》僧正像（縦八六・九×横三九・九センチ）は、右手に如意を斜めに持ち、左手に紅蓮華を持って坐る数少ない良弁の肖像画。室町時代（一五世紀）の作。また、絹本著色弘法大師像（縦一三四・七×横一一八・一センチ）は、右手は胸前で五鈷杵《ごこしょう》、左手は膝上で念珠を持って牀座《しょうざ》に坐るほぼ等身大の空海像で、鎌倉時代（一四世紀）の優品と見られる。

　白描図像《はくびょうずぞう》は、儀軌《ぎき》に従って彩色のともなわない白描で仏像の姿を描いたもので、「校倉聖教《あぜくらしょうぎょう》」（重文）一九二六点のなかに含まれている。「校倉聖教」は、境内校倉造の経蔵に納められていた真言密教全般にわたる聖教である。大部分が鎌倉時代初期以前のもので、平安時代末期から鎌倉時代初期にかけて活躍した学僧

図26　不動明王二童子像（白描図像）
平安時代（12世紀）／縦93.5cm×横54.2cm／重文「校倉聖教」のうち

文泉房朗澄《ぶんせんぼうろうちょう》（一一三一〜一二〇九）の筆になるものも多い。この聖教のなかに含まれている白描図像も、大部分が平安時代から鎌倉時代に描かれたものである。

　現存の図像のうち最古のものは、唐代咸通五年（八六四）の奥書のある唐《とう》本理趣経《ほんりしゅきょう》曼荼羅図（第七函24号）で、入唐中の東密の宗叡《しゅうえい》の請来本《しょうらいぼん》と推定されるもの。縦二八・〇、長さ五一六・四センチ。

　蘇悉地儀軌手契図《そしつじぎきしゅけいず》（図像函5号）は、縦三〇・三、長さ四三六・九センチ、蘇悉地法《そしつじほう》を修するさいの九一種の印相と、裏には所作に要する真言八二種を示すもので、平治元年（一一五九）六月三日に東寺観智院本（唐本）を文泉房朗澄が書写したものとして貴重。

　最後の、不動明王二童子像（図像函25号／図26）は、縦九三・五×横五四・二センチ。向かって左上に「以玄朝様帥上座図之」と墨書があり、一〇世紀の飛鳥井玄朝《あすかいげんちょう》の作った形式に従って、三井寺や高野山で図像の収集に活躍した絵仏師の帥上座定智《そつじょうざじょうち》が平安時代（一二世紀中頃）に描いた不動明王と二童子像で、宝剣に顔を寄せる不動明王のしぐさは珍しい。

第四章　伽藍のすがた

山岸常人

石山寺といえば、滋賀県内最古の古建築である平安時代に建てられた本堂、あるいは日本最古の多宝塔が今に伝えられている寺として、そしてなによりも西国三十三所のうちの第十三番札所として夙《つと》に知られている。紫式部が本堂に参籠して『源氏物語』をその一室で書いたとの伝承も彩《いろど》りを添えている。懸造《かけづく》りの豪快な本堂や、檜皮葺《ひわだぶき》の優美な多宝塔の姿は、日本の古建築を代表する秀作であることは言を待たない。

奈良時代以来の長い歴史を持ち、観音の霊場として、また真言教学の拠点として、中世・近世を生き抜いてきた石山寺には、そうしたよく知られた古建築だけではなく、それぞれの時代の特徴を持った建物や多様な堂舎があって、今も使われ続けている。

ここでは、著名な古建築の特色を解説するとともに、特別な信心や関心を持った方でなければ、多くの参拝者も見過ごしてしまいがちな境内の古建築についても、詳しく紹介していきたい。

境内の全体像

瀬田川の河畔近くに東大門が堂々たる姿を見せている。東大門を一歩くぐると、鬱蒼とした木立に囲まれた境内に入る。本堂へ向かって、西へまっすぐな参道が延びるが、ここはまだ平坦地である。そしてその両

図１　石山寺境内建物配置図

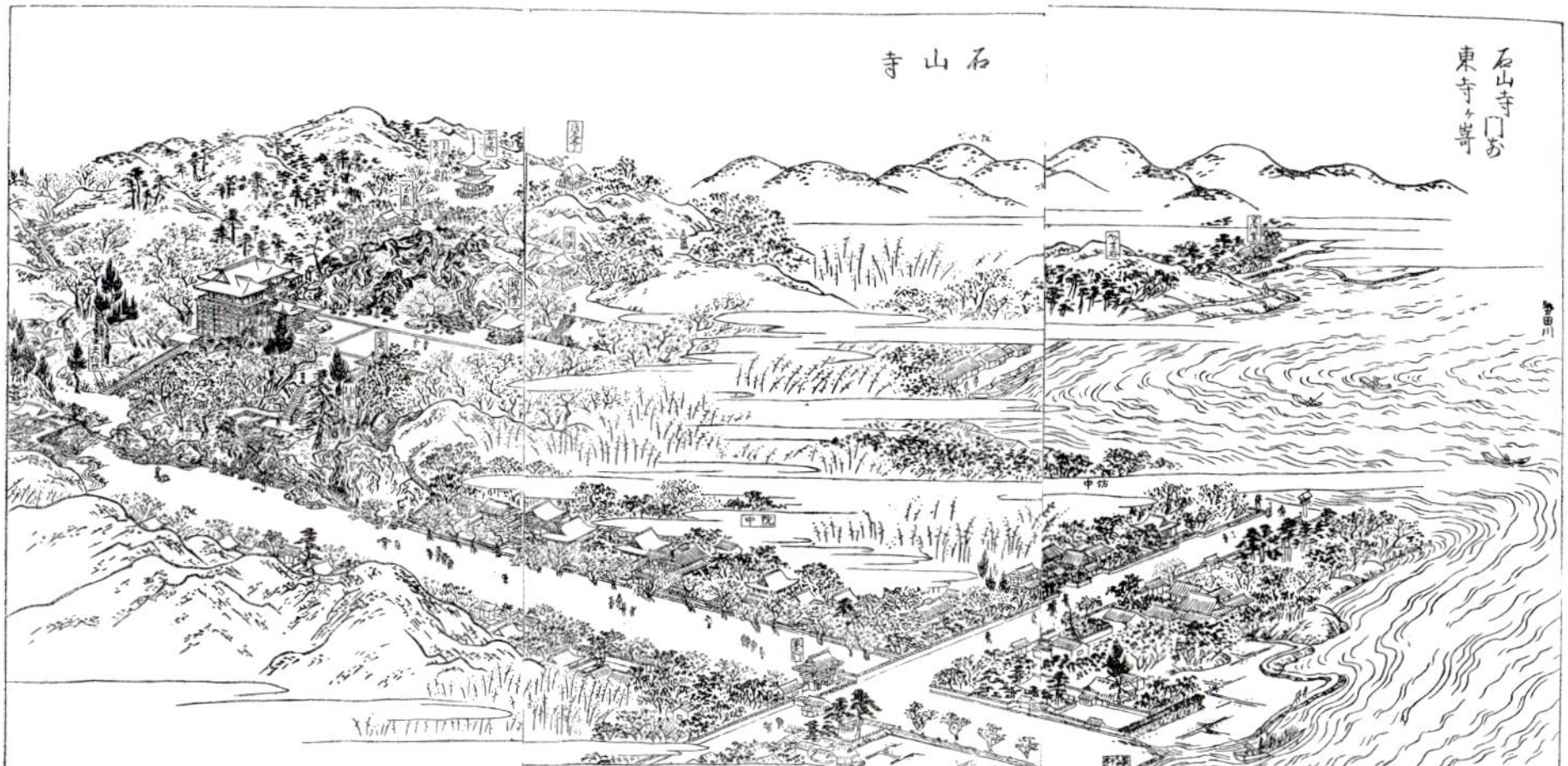

図２　東海道名所図会

側は土塀が続き、所々に門が開いている。これらは近世にあった八つの院家《いんげ》の跡である。院家とは塔頭《たっちゅう》とも呼ばれ、僧侶の住房である。現在では近世の建物がのこる院家は二つになってしまっているが、土塀と門があるおかげで、近世の景観がよく保たれている。中世の景観もそう大きく異なるものではなかったのではなかろうか。

手水舎《ちょうずや》までいたると、丘陵が迫ってくる。そこから石段を登ると、天然記念物に指定されている珪灰石《けいかいせき》の露頭を背にした平坦面に出る。多くの参拝者はその西の端の本堂を目指すが、この平坦面には、御影堂《みえいどう》・毘《び》沙門堂《しゃもんどう》・観音堂《かんのんどう》といった小堂と、鎮守社《ちんじゅしゃ》である三十八所権現社とその拝殿（今は蓮如堂《れんにょどう》と呼んでいる）が立っている。硅灰岩の背後には東に鐘楼《しょうろう》、西に経蔵《きょうぞう》が立ち、さらにその上の平坦面に多宝塔《たほうとう》、その西には宝蔵《ほうぞう》、東の瀬田川・琵琶湖を見晴らす位置に芭蕉庵《ばしょうあん》・月見亭《つきみてい》が立っている（図1）。

このように、東大門からの比高差は五〇メートルもないのであるが、丘陵に設けられた何段かの平坦面に堂宇が配されて、山岳寺院の体裁を呈している。近世の名所図会に描かれた景観（図2）は、ほぼそのまま今に伝えられている。ただ一つ異なるのは、近世には東大門の外にも坊が少なくとも七つはあった点で、今は公園や土産物屋になっている。

境内のこれらの建物は、平安時代後期から鎌倉時代前期にかけての中世前期に造営された建物、慶長年間に豊臣秀吉の側室淀殿の帰依によって行われた境内の復興事業のさいに造営や修理の行われた建物、江戸時代に入って随時造営された建物に大きくわけることができる。とりわけ慶長期の復興事業は境内の主要な建物全てにおよんでおり、中世の建物を保持するとともに、慶長期の優れた建築技術による更新が行われたのである。

本堂

石山寺の本堂の創建は奈良時代にさかのぼる。天平宝字年間（七五七〜六五）に東大寺造営にかかわってその資財調達のための造石山院所が置かれ、石山寺ではその時までに建てられていた仏堂が改築され、長さ七丈の仏堂となった。この建物は承暦二年（一〇七八）に焼失し、その後、永長元年（一〇九六）に再建されたのが現在の本堂（国宝）である。『和泉式部日記』などの文学作品や『石山寺縁起絵巻』等の絵画史料から、焼失以前から礼堂の付いた懸造りの形態であったことが知られる。礼堂の部分だけは淀殿の寄進によって慶長年間に改築されている。礼堂の棟に置かれた鬼瓦《おにがわら》と獅子口《ししぐち》には慶長四年（一五九九）の銘がある。正堂《しょうどう》（内陣）は永長再建時のままである。

この本堂（国宝）は斜面に張り出して舞台をつくりその上に建物を建てた懸造りであり、奈良長谷寺や京都清水寺などの本堂と同様の形態で、山中に立地する仏堂ではしばしば見られる形式である。

桁《けた》行七間、梁《はり》間四間（間は柱と柱の間＝柱間《はしらま》の数を数える単位）で寄棟造《よせむねづく》りの正堂の南側に、桁行九間、梁間四間で寄棟造の礼堂《らいどう》を並べ、両者の間には幅一間の作り合いをとって、正堂と礼堂の間を塞ぐように、両下造《りょうさげづく》り（二方向に傾斜面のある形式）の屋根を載せて、礼堂側ではその屋根が棟を越えて、妻を正面に向けた入母屋造《いりもやづく》りになっている（図5）。

正堂は桁行五間、梁間二間の身舎《もや》の四周に庇《ひさし》を付けた古代の建築の平面形式を踏襲しており、庇部分は身舎柱と庇柱を虹梁《こうりょう》（反《そ》りのある梁）でつなぎ、垂木《たるき》を見せる化粧屋根裏、身舎は前後に陸梁《ろくばり》（水平の梁）を架けて、組入《くみいれ》天井（図8）を張っていて、構造的にも古代建築の形式に則《のっと》っている。身舎の内部には慶長に

図3　本堂全景

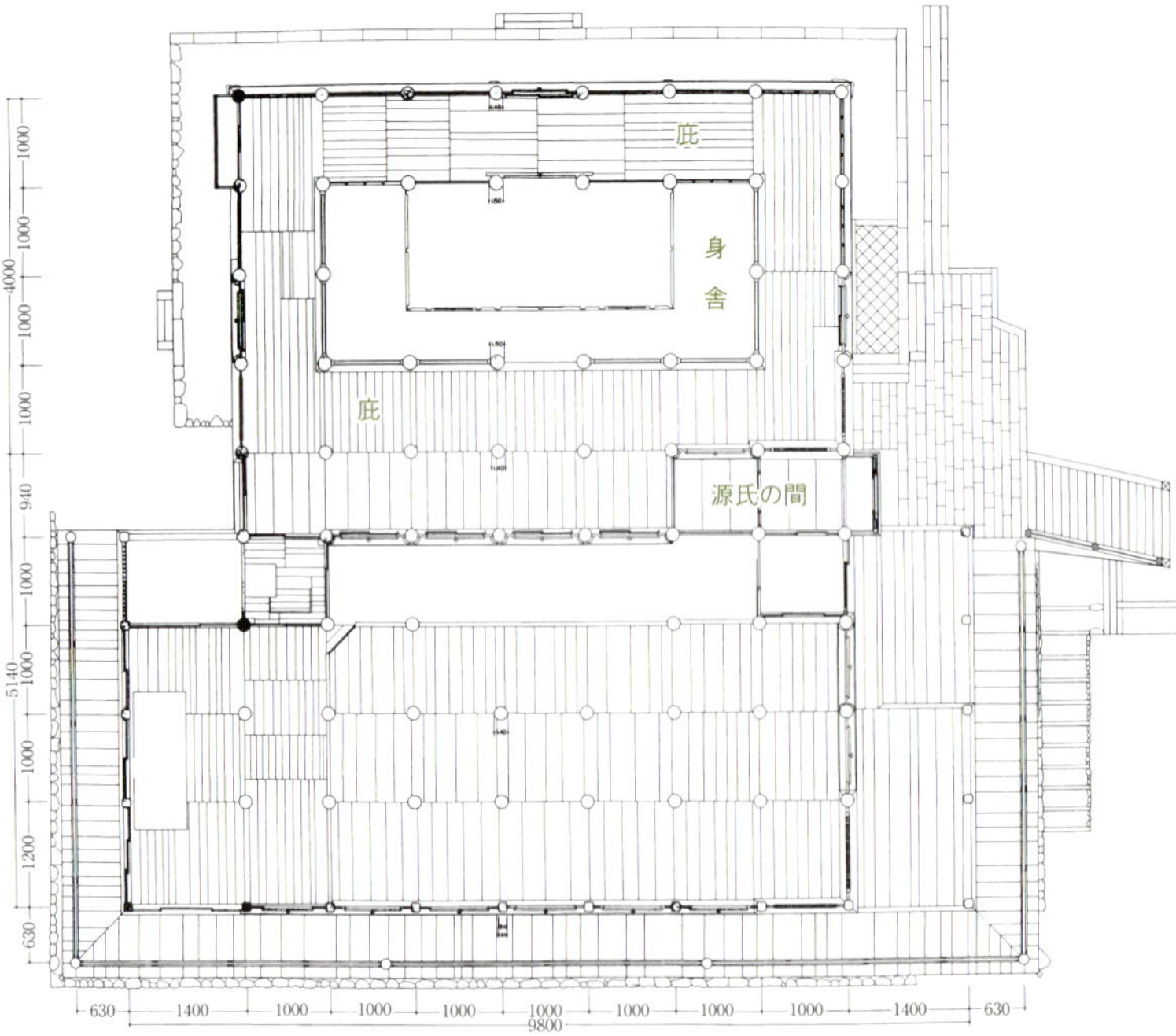

図4　本堂平面図(正堂：永長元年＝1096　礼堂：慶長4年＝1599)(1/400)

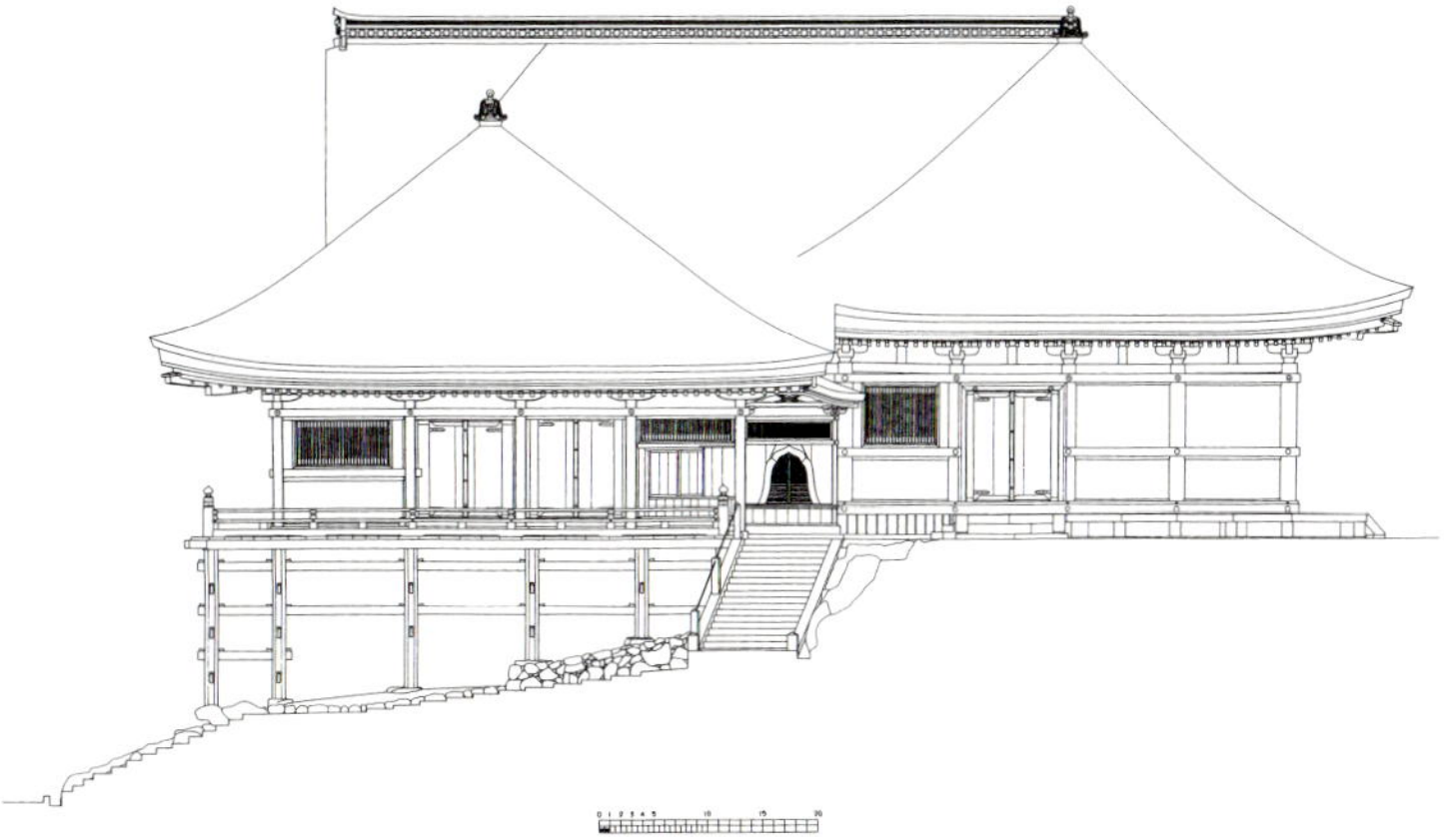

図５　本堂東面立面図

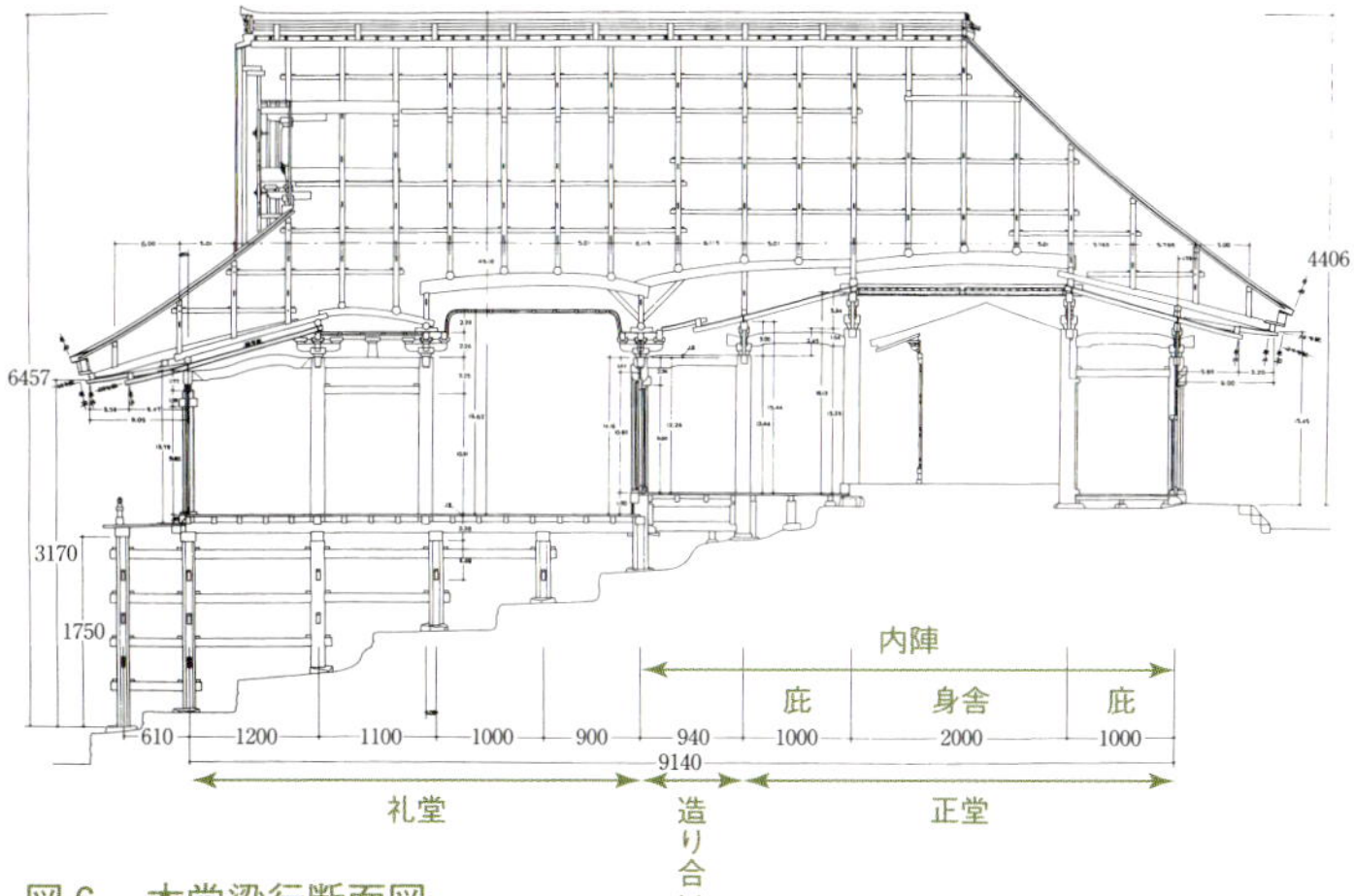

図６　本堂梁行断面図

図７　本堂礼堂

新設された間口三間、奥行二間の寄棟造の宮殿《くうでん》（仏像を安置する小建築）が置かれ、本尊を安置している。正堂の前の一間通りの作り合いは正堂の軒下に納まっていて、礼堂の背面の柱筋に扉を構えて、作り合いも含めた間口七間、奥行五間分の空間が内陣となっている（図4・6）。

もっとも、礼堂と内陣の境が現状の位置になったのは江戸時代中期の修理の結果で、慶長の礼堂改築時は、現状より一列後方の正堂正面の柱筋に扉が取り付けられていた。作り合いの床もこの改造以前は礼堂と同高だったものを、一段上げて正堂と同高に改変している。

正堂の柱上には平三斗《ひらみつど》を組んでいるが、その斗《ます》はせいが高く、平安時代後期の特徴をよく示している。礼堂の組物の斗のせいが低いのとは大きな違いである（図9）。

作り合いの東端二間は「源氏の間」と呼ばれて（第五章図2）、紫式部が『源氏物語』を書いたという由緒に合わせて、室町時代に部屋がつくられたもので、東側面には向唐破風《むかいからはふ》造《づく》り（図10の曲線の屋根）の屋根

図8　本堂内陣

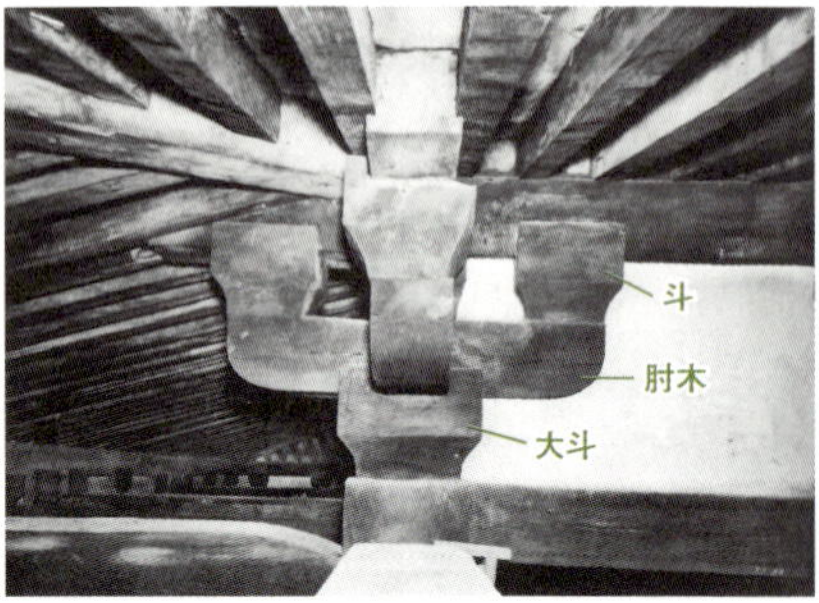

図9　本堂内陣組物

図10　本堂「源氏の間」周辺

が付けられている。

礼堂は傾斜面に立てた束柱《つかはしら》の上に載せた土台の上に柱を立ててつくられている。正・側面の三方は角柱を用いて、柱間寸法も他より大きい。さらに三方に縁《えん》を廻らせている。内部は全て円柱で、北寄り中央二本の柱が立たないほかは、内部に一間ごとに柱が立っている。円柱の立つ間口七間、奥行三間の部分は格天井《ごうてんじょう》を張って、中央後方の正堂寄りの間口三間、奥行二間だけは折上《おりあげ》格天井としている。角柱とその一間内側の円柱との間は海老虹梁《えびこうりょう》（図7）でつないで、天井は化粧屋根裏である。円柱上には三斗を組むが、角柱上には舟肘木《ふなひじき》を置くだけで、簡素に仕上げられている。礼堂側面の屋根の後端は、正堂の屋根に縋破風《すがるはふ》で取り付いているが、この部分のみ垂木《たるき》をむくらせているのは興味深い（図10）。

礼堂は慶長の新築である。慶長期であれば、彫刻や彩色を用いて装飾豊かにつくるのが一般的な傾向であるが、この礼堂は前身礼堂か正堂に合わせたものであろうか、極めて簡素で海老虹梁以外は和様の意匠でまとめられている。

九〇〇年以上にわたって使われ続けたために改造の痕跡が多く、慶長に取り壊された礼堂の部材や、取り替えられた正堂の部材などが、随所に転用されて残されているので、永長建立時の姿もある程度推定できる点も貴重である。

極めて規模の大きい懸造りの複合的な仏堂であり、平安時代後期の形式もよく残されている。類似した懸造りの大規模仏堂の代表的な遺構である清水寺や長谷寺の本堂が江戸時代にすっかり建て替えられていることと比べても、石山寺本堂の価値は極めて高い。

多宝塔

　本堂背後の高台に立つ多宝塔（国宝）は現存最古の多宝塔である。多宝塔とは下層が正方形平面、上層は円形平面の二層の塔である。ちなみに大阪金剛寺の多宝塔はこれより古い平安時代末期の建立であるが、慶長年間の修理の手が大きく入り当初の面影は残していない。その意味で石山寺は最古といえるわけである。

　建立年代については、『石山要記』（文化六年＝一八〇九編纂）に源頼朝の建立と記されている。多宝塔須《しゅ》弥《み》壇《だん》の框裏に「大法師□□□建□甲寅十二月廿日　供養」と記されており、建物の様式とも併せて、「建□甲寅」は建久五年（一一九四）と考えられるから、その時の建立と見てよく、頼朝の建立はあながち伝承として捨て去ることはできない。

　下層は方三間で、大きな面をとった角柱を三段の長押《なげし》（柱の側面に打ちつけて柱をつなぐ角材）でつなぎ、

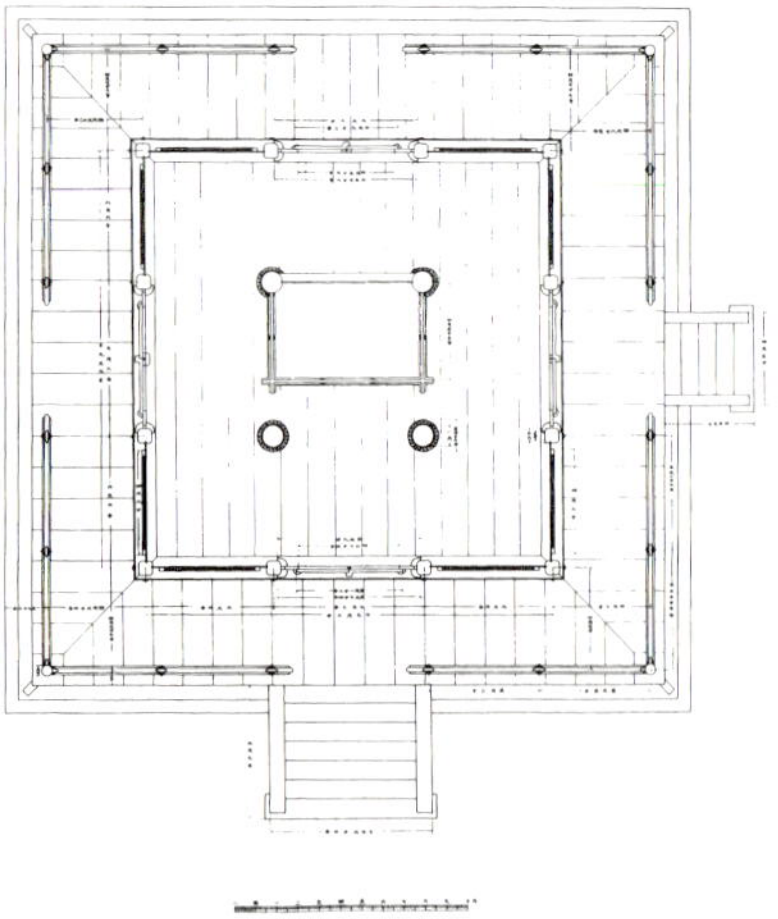

図11　多宝塔平面図（建久5年＝1194）（1/200）

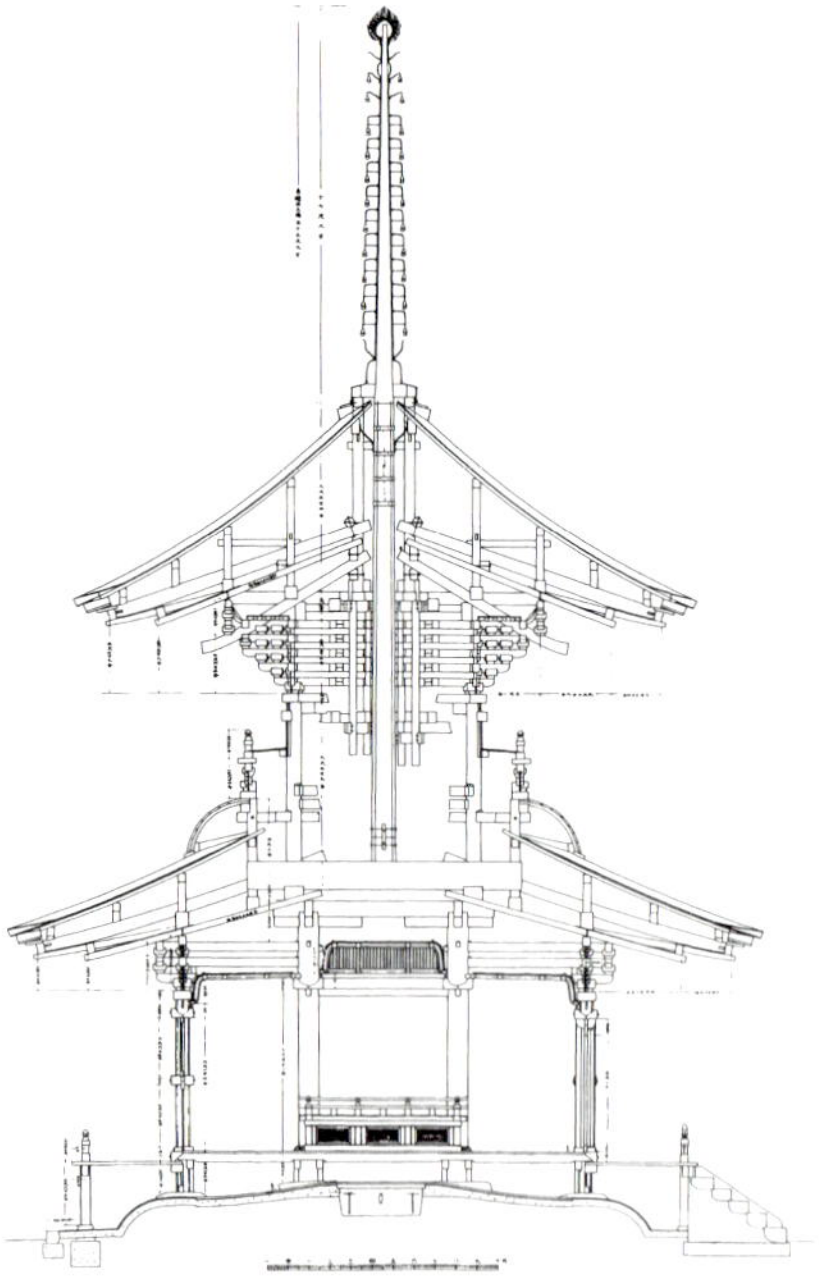

図12　多宝塔断面図（1/200）

頭貫《かしらぬき》（柱の頂部を貫通して柱をつなぐ部材）はなく、柱上に台輪《だいわ》を置いて、出組の組物を組む（図14）。内部には四天柱を建てて、来迎壁の前に須弥壇を設けて、金剛界大日如来坐像（第三章図21）を安置する。四天柱の足下に蓮華座を付けているのが珍しい（図15）。天井は折上小組格天井（図15）で、四天柱内部はさらに一段折りあげる。

四天柱はそれぞれ四段に分かって金剛界曼荼羅三十七尊と五大尊などが描かれていて、真言密教の中心的礼拝対象が仏像彫刻と絵画で堂内を満たしていることになる。

上層は漆喰《しっくい》塗りの亀腹《かめばら》の上に一二本の円柱を立てて、長押と台輪でつなぎ、四手先の組物を組む。相輪《そうりん》は九輪の上に花型を三段重ねて、鎖を四方に架ける一般的な多宝塔の形式に倣うが、南北朝以降の部材に取り替えられている。

礎石は柱座のあるものとないものが混在し、前者は古代の建物の転用材と考えられる。

図13　多宝塔全景

図14　多宝塔下層

図15　多宝塔内部

石山寺の伽藍の大修造のあった慶長年間の解体修理を受けて以降、江戸時代に幾度も修理を受けている。軒・小屋組・柱間装置などは慶長年間の修理で、部材も形式も改変されているが、それ以外はおおむね建立当初の状態がよく保持されている。昭和七〜八年の修理のさいの調査で床下に建立時の鎮《ちん》壇具《だんぐ》が埋納されていたことが知られ、中世の鎮壇の具体的ありさまが知られたことも貴重である。

この塔は、下層に対する上層の逓減《ていげん》が大きく、安定感のある姿をしており、特に下層は柱をはじめとする各部材が細く、華奢できわめて優美な塔といえよう。

鐘楼

鐘楼（重文）は御影堂の背後に立っており、源頼朝が寄進したと伝えている。しかし、『石山要記』に康暦・永徳・至徳（一三七九〜八七）頃に境内の修理があったこと記しており、技法や意匠を勘案して、その頃、つまり南北朝の建立と推定される。

この鐘楼は規模の大きな袴腰《はかまごし》つき（図18にみられるように下部がスカートのように広がった形式）、入母屋造り、檜皮葺の建物である。二層になっていて、上下とも桁行三間、梁行二間で、下層の柱の上に三手先組物を組んで縁と土台を受け、土台の上に下層とは別に上層の柱を立てて三手先組物を組んで軒を受ける。下層には屋根がなく、上層の縁がつくだけである。上下の組物は同じ寸法で、上層組物にのみ拳鼻《こぶしばな》（拳のような形の彫刻を施した部材）がついている。総じて典型的な和様であるが、拳鼻だけが禅宗様の意匠である。三手先組物に尾垂木《おだるき》を用いていないのは東大門と同様の形式である。

軒の出が大きく、特に地垂木《じだるき》の出に比して飛檐垂木《ひえんだるき》の出の比率の大きいのが特徴である。袴腰全体を漆喰塗とするのも珍しく、その白さが華やかな感じを与えている。外部からはうかがい知れないが、強度を増すために肘木《ひじき》と斗を同一の材から削り出す等の技法も興味深い点である。

大伽藍にふさわしい雄大な鐘楼である。なお、梵鐘は平安時代の作である。

御影堂

御影堂（県指定）は間口三間、奥行三間、宝形《ほうぎょう》造り、檜皮葺、背面側の軒下を堂内に取り込んだ、端正な外観を持った建物である。石山寺の開創期にかかわる良弁《ろうべん》僧正・弘法大師・淳祐内供《しゅんにゅうないぐ》を祀っている。『石山要記』には、もとは三昧堂《さんまいどう》または法華堂と呼ばれており、法華三昧を行う堂であったが、淳祐の住房であった普賢院が廃絶した時、普賢院で行っていた祖師供養の御影供を法華堂に移して行うようになり、法華堂が御影堂となったと記している。

淳祐内供坐像（重文）は応永五年（一三九八）に造顕された銘があり、御影堂も同じ頃に建てられたと考えられる（第三章図20）。須弥壇の格狭間《こうざま》（図23）はその時期の作であることをよく示している。その後、

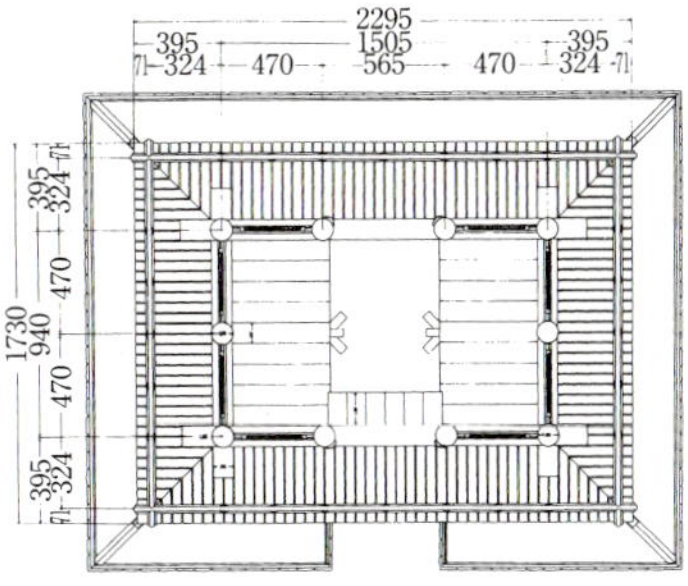

図16　鐘楼上層平面図　南北朝（1/200）

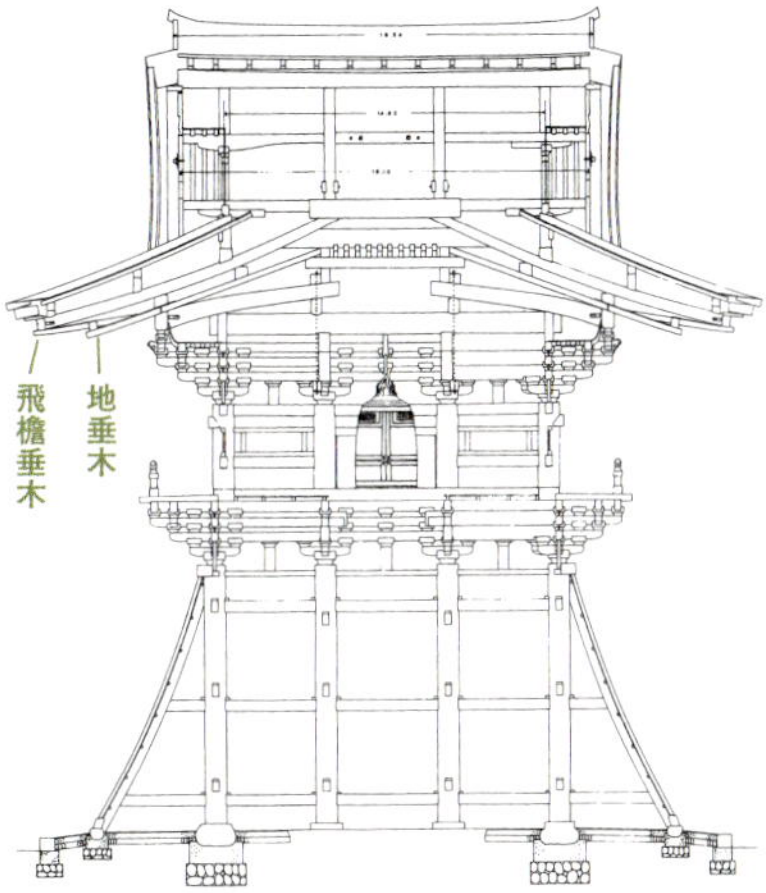

図17　鐘楼断面図（1/200）

図18　鐘楼全景

中世極末の一六世紀後期と、江戸時代の一八世紀前期に大きな改造が行われている。

　現状は、方三間の堂内の後方寄りに二本の柱を立てて、背面の二本の柱との間を壁で閉じて、方一間の厨《ず》子《し》をつくりその内部に御影像を安置する。その前は広い一室の空間であり、背面軒下張り出し部は後戸《うしろど》（後堂）となっている。外部は円柱を長押でつなぎ、頭貫には木鼻をつけず、柱上に三斗を組み、柱間には間斗《けんと》束《づか》を置き、軒は二軒の平行垂木である。これらは正統的な和様の技法で作られていることを示している。組物・間斗束の上には繰形《くりがた》のない簡素な実肘木《さねひじき》を載せ、地垂木にはわずかながら反《そ》り増し（先端部が反りあがり、部材のせいも大きくなること）があって、確実な年代は不明であるが、一六世紀後期頃の様式を示して

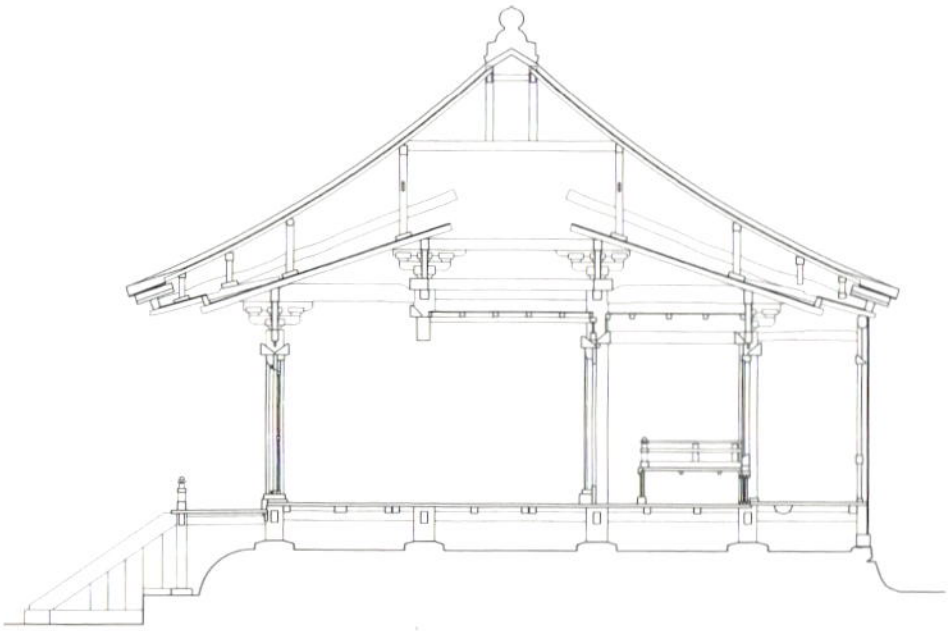

図19　御影堂断面図
（応永５年＝1398／16世紀後期改造／享保年中＝1716～36改造）（1/200）

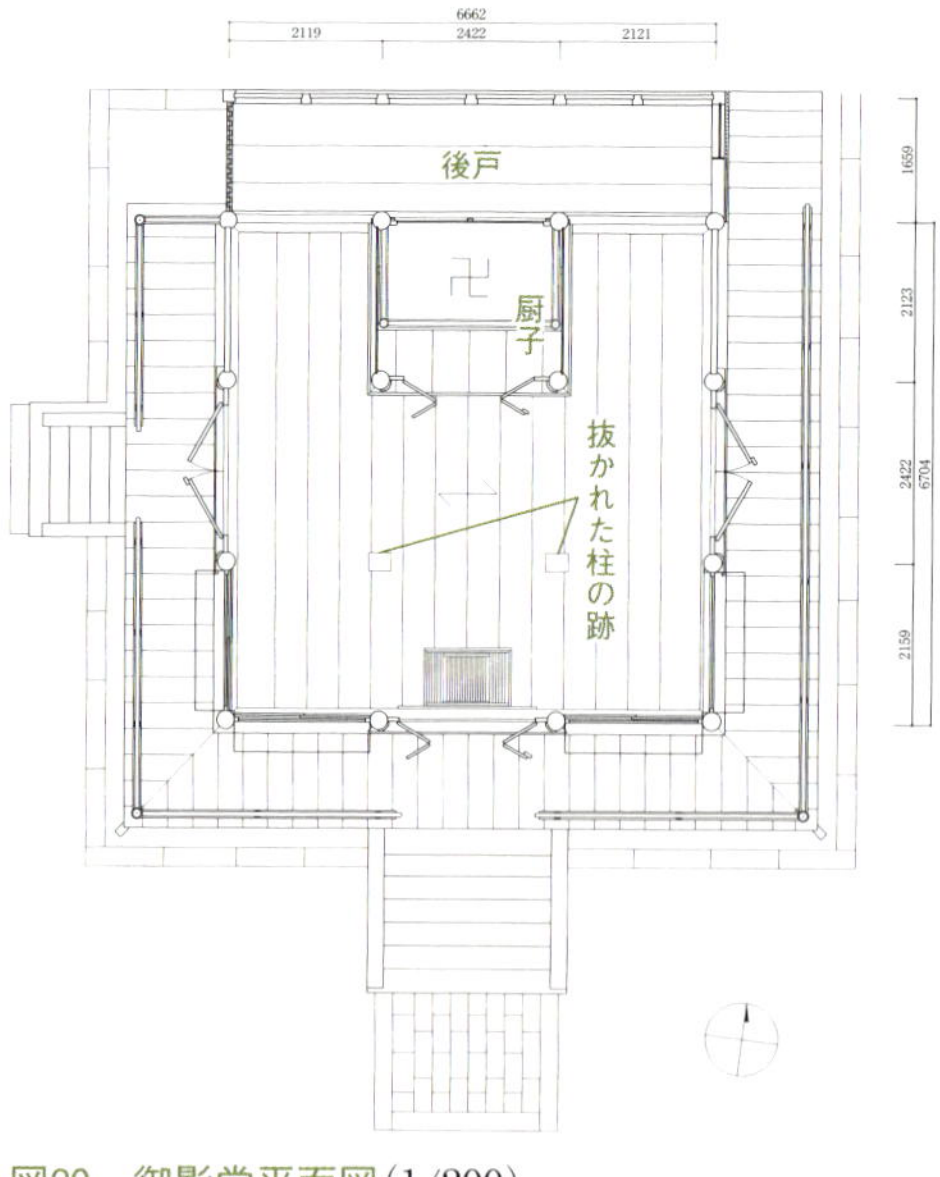

図20　御影堂平面図（1/200）

図21　御影堂全景

いる。

しかし厨子周りの四本の柱は、厨子の内部では煤けて黒く、傷みも著しいのに対して、厨子外部は表面が平滑である。これは一時代古い柱を削り直し、見えない内部は削り直すことをせずに、現状の形式に仕あげたものと見られる。おそらくこの四本の柱やその上の組物の一部は淳祐像造顕の応永頃までさかのぼると考えられる。その他の部材も削り直している可能性があるが、それ故にどこまでが応永材か判別しがたい。

一方、正面から二本目の柱筋に東西に長さ三間の大虹梁《だいこうりょう》が架かっている（図22）。この両端には絵様が彫られていて、その意匠から一七世紀末から一八世紀前期の様式を示している。この大虹梁は、本来堂内の前寄りに立っていた二本の柱を抜き取って、その上の荷重を受けるようにしたもので、本尊の前を広く使うための改造であろう。実際、大虹梁の上や床下には柱の頂部・下部が残っている。この大虹梁の入る前は、内部に四本の柱が立って、それを内法長押《うちのりなげし》でつなぎ、側柱とは繋虹梁でつなぐ、いわゆる一間四面堂の形式であった。この柱二本を抜いて大虹梁を挿入する改造は、『石山要記』に享保年中（一七一六〜三六）のことと記されている。

背面の張り出し部は部材が新しく享保頃の改造と考えられるが、柱の痕跡や風触のないことから、ほぼ現状の形式になった一六世紀後期からは設けられていたと見られる。

このように一五世紀以来、その時々の要求に応じて巧妙に改造を加えつつ、中世後期の建物が残されてきたことは貴重である。勾配の緩い屋根、正・側面の建具が蔀《しとみ》であることなど、全体に穏やかな印象を与える

図22　御影堂内部

図23　御影堂厨子

佳作である（図21）。

慶長復興期の建物

三十八所権現社本殿と蓮如堂

本堂の東北の硅灰石上に立つのが三十八所権現社本殿（県指定）である。その硅灰石の露頭から一段降りたところに蓮如堂（県指定）がある。両者の間を御影堂や毘沙門堂から本堂へいたる通路が通っていて、本殿と蓮如堂は関係がないように見えるが、蓮如堂は三十八所権現社の拝殿であり、拝殿から本殿を拝する密接な関係にある建物である。三十八所とは『石山要記』では観音二十八部衆と法華《ほっけ》十羅刹女《じゅうらせつにょ》としており、『近江輿地誌略』では般若《はんにゃ》十六善神《じゅうろくぜんしん》と薬師十二神将《やくしじゅうにしんしょう》だとしている。良弁が石山寺を開いた時に勧請したと伝えている。

本殿・蓮如堂ともに、醍醐寺の座主義演が記した『義演准后日記』に慶長七年（一六〇二）に豊臣氏の援助によって修造されて完成の供養が行われたと記されていて、その時完成したものと見られる。蓮如堂には妻飾《つまかざり》の内面に慶長六年に檜皮を葺いた旨の墨書があって、これを裏づけている。

本殿は規模の大きな一間社流造《いっけんしゃながれづく》り、檜皮葺の建物である。一間四方の身舎を壁と格子戸で閉じて、さらにその内部を板扉で二分して、後方を内陣としている。身舎の三方に縁を廻らせ、正面の庇の部分に木階と浜縁《はまえん》を設けている。

身舎柱上には大斗絵様肘木《だいとえようひじき》を、庇には連三斗《つれみつど》を組み、庇の中央にのみ蟇股《かえるまた》を置く（図26）。庇の頭貫の木鼻は龍の頭の丸彫りとなっている。装飾彫刻はさほど過剰ではないが、妻飾の大瓶束《たいへいづか》の上につく拳鼻《こぶしばな》や絵様肘木、庇柱上の龍の頭などには江戸時代初頭、いわゆる桃山時代の雄渾な意匠が見られる。また桁には反り増しがあって、中世の技法が継承されている。

現状では木地のままの建物に見えるが、よく見ると随所にわずかながらも顔料が残り、紋様の痕跡も風触の差となって残っている部分がある。桃山時代の建物の通例通り、建物全体に彩色が施されていたことが知られる。奇をてらうことなく端正に仕上げられた建物といえよう。

蓮如堂（県指定）は蓮如上人六歳の御影や遺品を祀ることから、現在はこう呼ばれているが、近世までは

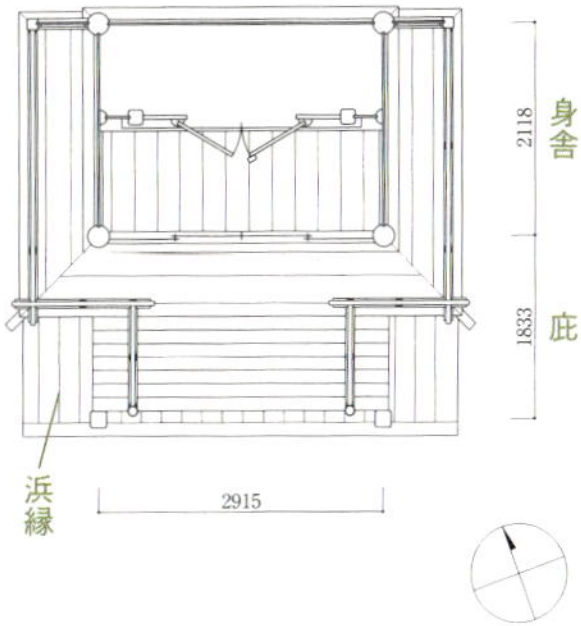

図24　三十八所権現社本殿平面図
（慶長7年＝1602）（1/150）

図25　本殿全景

図26　本殿庇詳細

礼殿または拝殿と呼ばれていた。蓮如堂も硅灰石の岩盤の上に立ち、本堂と同様、崖にせり出した懸造りになっている。

正面五間、側面四間、入母屋造り、桟瓦葺の建物で、本殿の側（北側）は柱を一本おきに省略している。東と北は一間通りが吹き放ちの広縁となって（図29）、残る正面四間、奥行三間が建具と壁で閉じられて室内となっている、東には幅の広い落縁《おちえん》を、南と西には幅の狭い落縁を設けている。南は崖であるから階段が

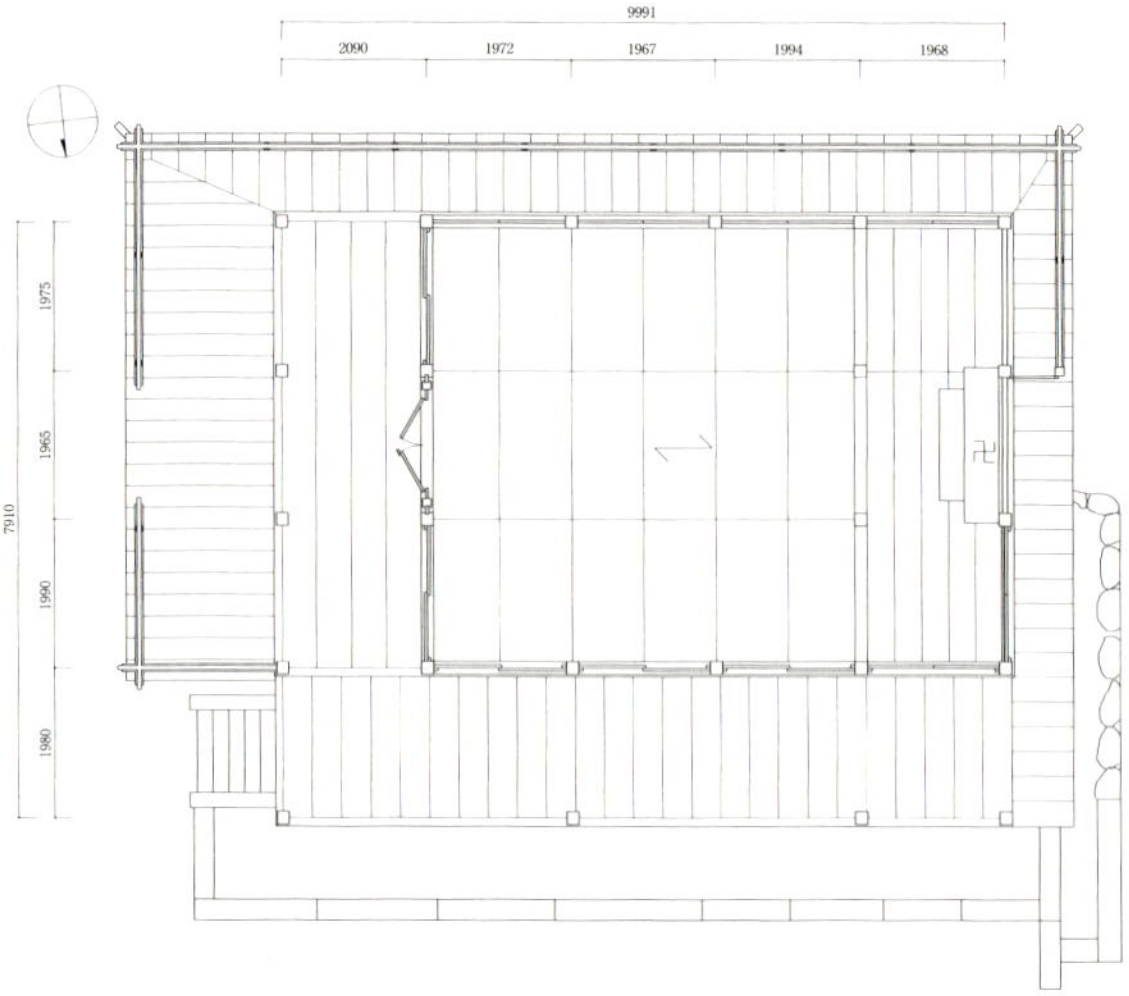

図26　蓮如堂平面図（慶長７年＝1602）（1/200）

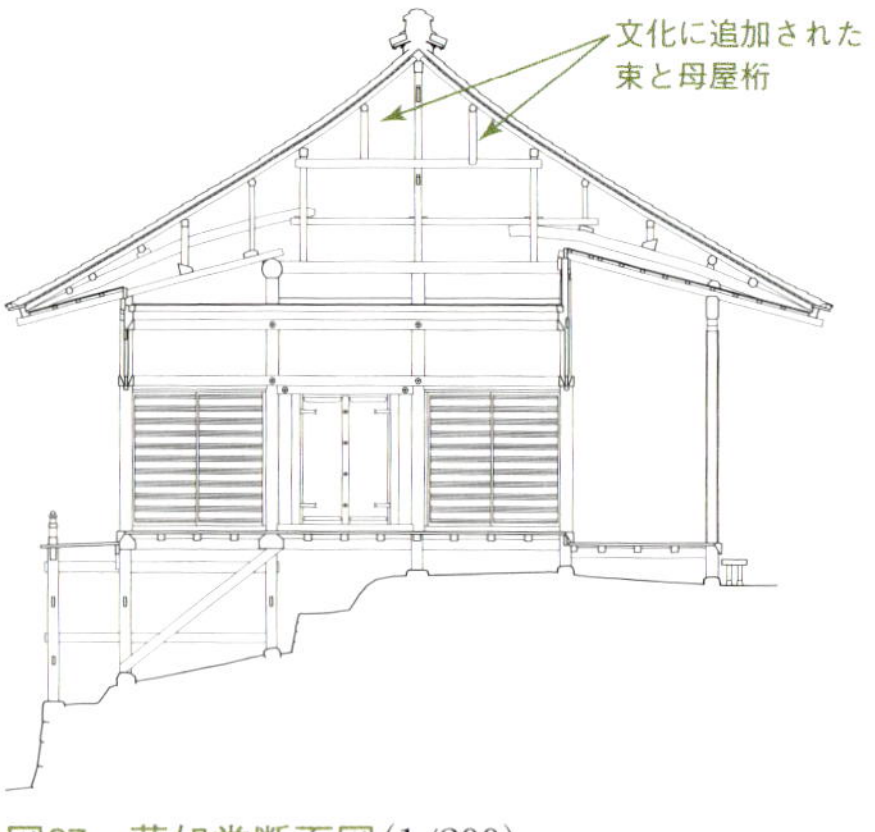

図27　蓮如堂断面図（1/200）

図28　蓮如堂北面

図29　蓮如堂北側広縁

なく、堂内へは東側の階段からあがることになる。

堂内は西端一間だけが板敷で、残りは畳敷となっている。両者の間に柱が二本立ち、長押でつながれ、今は取りはずされているが、本来襖《ふすま》が入って二室に分かれている。西側の板敷の間に蓮如上人の御影が祀られている。内部の柱頂部近くに蟻壁長押《ありかべなげし》を廻し、天井は棹縁《さおぶち》天井である（図30）。

外部の柱は長押と貫でつながれ、柱の上に舟肘木を載せ（図29）、簡素な形式でつくられている。建具は東面の中央間が板扉である以外は、舞良《まいら》戸《ど》または腰高障子《こしだかしょうじ》である。以上の意匠は、仏堂や本殿などとは異なり、住宅風の意匠と見ることができる。軒は一軒、疎垂木《まばらたるき》、小舞裏《こまいうら》で（図29）、柱・舟肘木・桁・垂木には面取があり、垂木の勾配は緩く、全体に穏やかな印象を与える。

総じて簡素ながらも丁寧なつくりの建物である。

この建物はいくつかの改造がある。まず南面と西面・北面の一部が壁となっているが、舞良戸を固定して内部に貼りつけ壁を貼っているだけのもので、当初からの壁は西面の南側二間のみであった。内部の柱をつなぐ内法長押は、中央間だけ一段高いが、当初は両脇間と同じ高さであった。内部東半部は畳敷きであるが、本来は板敷で、化粧仕あげの床板が畳の下に残されている。西半部の床板は現状の畳の面と一致しているが、もとは一

図30　蓮如堂内部

図31　蓮如堂小屋組

段低く、東半部の部屋の床板と同じ高さであった。屋根は桟瓦《さんがわら》葺であるが、文化八年（一八一一）に檜皮葺から改めたことが屋根裏に残された板札から知られる。このさい屋根が重くなるので、母屋桁《もやげた》の数を増やし、軒付を取り除いたことにともなって小屋束《こやづか》をわずかに切り縮めている（図31）。さらに小屋裏には古い長押や棟木が転用されて使われており、前者は御影堂の、後者は本殿の古材と考えられる。

蓮如堂は当寺鎮守社の拝殿である。寺院鎮守社の拝殿のうち、急斜面に立つ懸造りのものとして、醍醐寺清瀧宮拝殿（永享六年＝一四三四建立／国宝）や円教寺護法堂拝殿（天正一七年＝一五八九建立／県指定）などがある。いずれも斜面との関係から、妻側（側面）に扉が設けられる共通点を持つ。清瀧宮拝殿では中央の空間に本殿に向かって高座が設えられ、扉のある側と反対の端は襖で仕切られ、読経の僧徒の着座の場が設けられた使い方が、寺誌『醍醐寺新要録』によって知られる。石山寺三十八所権現社拝殿でも、神事のほかに、理趣三昧や大般若祈禱などが行われていた。その法会の具体的状況は明らかではないが、清瀧宮拝殿と同様に、現状で畳敷きの東側の部屋が主たる法会の場であり、その附随的な場として、西端の間が仕切られていたものと推定される。西端の小部屋が蓮如像を祀る内陣のようになっているのは後世の改変の結果で、拝殿として使われていた時期の本来の姿ではない。

殿内の使われ方の実態についてはなお研究の余地があるが、寺院鎮守拝殿の独特な一形式の建物として注目される。

東大門

石山寺の正面を飾る門が東大門（重文）で、近世には二王門と称していた。近世にはさらに瀬田川近くに惣門があったが、そのあたりは今は公園になっている。寺伝では建久元年（一一九〇）の建立と伝えているが、様式・技法からみて慶長期の造営で建て直されたと考えられる。大棟の鬼瓦には「慶長五年子庚八月日　粟田口久右衛門」との銘があり、その頃に完成したものであろう。

間口三間、奥行二間、柱が一二本あるが、中央の列を除いた前後の柱が八本あるところから、八脚門《はっきゃくもん》と呼んでいる（図32）。屋根は八脚門としては例の少ない入母屋造りである（図33）。中央の柱筋に板扉を吊り、両脇は漆喰壁で閉じて、その前に二王を安置して金剛柵で結界する。

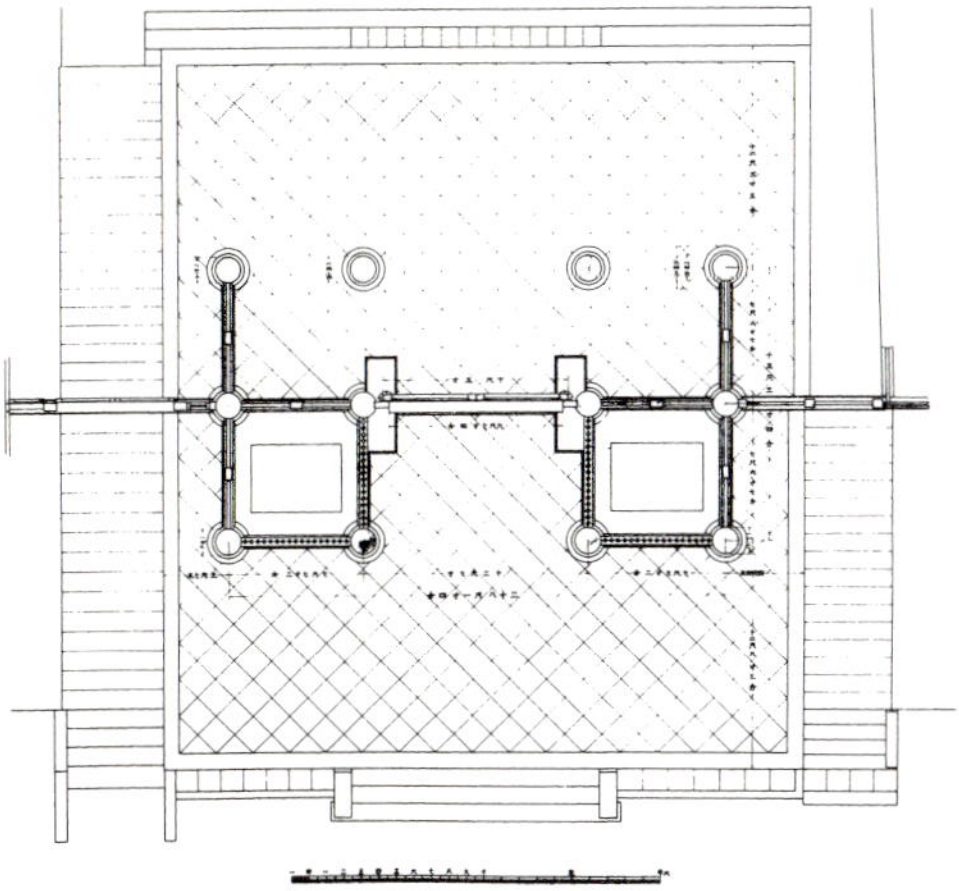

図32　東大門平面図（慶長５年＝1600）（1/250）

柱は桁行・梁行ともに貫でつなぐが、木鼻はつけない。組物は尾垂木をつけない三手先（図34）で、柱間には間斗束を据える。組物には梁行と隅行に虹梁を架け、蟇股を据えて組入天井を受ける。

軒の出は大きく、屋根の大きい、均整観のある規模の大きな門である。慶長期の建物でありながら装飾の極めて少ない点も特色である（図33）。

なお、東大門の西側に太い出格子を付けた宿直屋《とのいや》が立って、両者の間に脇門が設けられている。宿直屋は明治前期頃に建てられたと推定される。屋根の上に太鼓楼《たいころう》を載せて、東大門とともに石山寺の入口の伝統的な景観を保つことに一役買っ

図33　東大門全景（左端に宿直屋が見える）

図34　東大門内部見上げ

ている。

経蔵

経蔵（県指定）は三十八所権現社本殿の背後に立つ切妻造り、栈瓦葺の建物である。高床式で断面三角形の材を積みあげて壁を作る校倉《あぜくら》という形式で、正倉院宝庫などと共通する形式である。

この経蔵には石山寺一切経・校倉聖教が収納され保管されてきた。石山寺の歴史や教学にとって極めて重要な建物である。

建物は大きな礎石と硅灰石の岩盤の上に一二本の八角柱の束を立て、その上に角材で井桁を組み、その上に校木を一〇段積みあげ、その上に桁を載せ、組物などは用いない簡素な建物である（図35）。床束の頂部の貫の先端にだけ繰形《くりがた》を施した木鼻がつき、わずかな装飾となっている（図36）。内部は三方の壁に寄せて棚が作られている。

古代の校倉は、隣り合う校木を、校木のせいの半分ずつずらして積みあげるが、石山寺の経蔵はずらさず、一段ずつ井桁を組みあげるようにつくられている。これは中世後期以降に用いられる形式である。滋賀県内には近世の校倉として長寿院経蔵（元禄九年＝一六九六／彦根市／県指定）がある。石山寺経蔵はこれよりも古い。

この建物の建立年代を示す史料はないが、木鼻の様式や反り増しのある桁や垂木の技法から、一六世紀後

図35　経蔵全景（16世紀後期）

図36　経蔵床束

期から一七世紀前期に建てられたと考えられる。石山寺にとって極めて重要な『一切経』や「聖教《しょうぎょう》」を良好な状態で保存してきた由緒ある建物である。

近世の院家と小堂宇

石山寺境内には中世の建物が多いので、古美術の愛好者でもこの近世の建物に特に注目することはあまりなかろう。しかしこの建物はさまざまな近世的な特質を備えている。

毘沙門堂

毘沙門堂（県指定）は御影堂の南側に西面して立つ、正面三間の宝形造《ほうぎょうづく》り、桟瓦葺の建物である（図38）。建物本体の間口と奥行はともにほぼ四メートルで、正方形平面であるが、奥行は二間として、正側面に縁を廻らせ、背面には縁を設けない（図37）。

柱を頭貫・台輪でつなぎ、柱上に出組の組物を組んでいる。正面中央間だけは頭貫を虹梁形にして絵様を彫り、柱間にも組物を組み、軒の支輪に波濤をかたどった彫刻を施して、中央を飾っている（図39）。

内部には背面寄りに柱を立てて、中央間には仏壇を置き兜跋毘沙門天《とばつびしゃもんてん》立像（第三章図18）を祀り、両脇間には造り付けの須弥壇を設けて、それぞれ吉祥天《きちじょうてん》と善膩師童子《ぜんにしどうじ》を祀る（図40）。前方は一室の空間で、間仕切りはない。その点では簡素な内部の構成ではあるが、天井は格天井で、中央後方だけ折りあげて一段高く張り、内部でも柱上に出組の組物を組み、須弥壇前の中央二本の柱上の組物は虹梁でつなぎ、虹梁中央には

図39　毘沙門堂正面中央間詳細

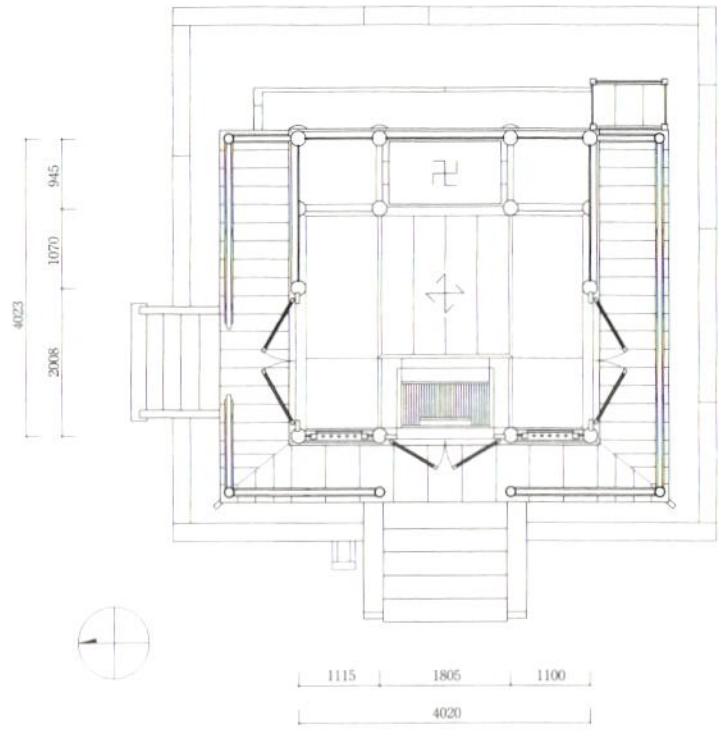

図37　毘沙門堂平面図
（安永２年＝1773）（1/200）

図40　毘沙門堂内部

図38　毘沙門堂全景

笈形《おいがた》つきの大瓶束《たいへいづか》を置いて、一段高い天井を支える。こうした構成はあまり類例がなく、正面外観と同様、中央間を豊かに装飾しようとする意図がうかがえる。

　この建物は棟札や鬼瓦刻銘から、安永二年（一七七三）に建立されたことが判明する。天井裏に置かれていた板の銘と『石山要記』によれば、紀州の福田儀左右衛門が兜跋毘沙門天に深く帰依して、毘沙門堂の建立費用と永代長日供養料を施入して建てられた堂であることが判明する。また、建設に携わった建築職人は、大棟梁が大津の大工、大工棟梁が大坂の大工で、彫刻は大坂で行ったことが知られる。この場合の彫刻は、建物全体の部材の加工か、木鼻・蟇股・支輪などの装飾的な彫刻の部分か定かではないが、大坂で加工した部材を、石山寺で組み立てた建物と考えられる。江戸時代初期から、材木の集散地で加工して、それを建設予定地で組み立てる、いわばプレハブ工法が行われるようになり、それを得意とする大工も出現していたが、毘沙門堂もそうした近世的な造営の方法を採用した一例といえる。大振りな絵様や繰形の彫刻、内部・外部ともに中央間のみを飾る架構や意匠などに、いかにも近世後期らしい建築的な特色が現れていて、その装飾性において境内でも傑出した建物であるだけでなく、富裕な信者の個人的な寄進による造営、プレハブ工法の造営方式など、近世社会のさまざまな特質を反映した興味深い建物である。

法輪院と宝性院

東大門を入ると、参道が本堂の麓に向かって一直線に伸び、その両側はおおむね土塀で囲まれて、所々に門が開いている。土塀で囲まれた区画は近世以来の院家（塔頭）であるが、近世の建物が残っているのは、東大門のすぐ西の法輪院と宝性院だけである。

法輪院は参道の南にあり、表門を入ると、東に桟瓦葺の庫裏《くり》が、西に檜皮葺の書院が立ち、両者ともに北側に妻を向けている。二棟の間をつないで向唐破風《むかいからはふ》造《づく》りの式台玄関があり、背面（南）側には瓦葺の庇をのばし居室を作っている（図41）。

庫裏は東半部を土間床として日常の出入口と台所の役割を果たす。一般の通例通り虹梁《こうりょう》大瓶束《たいへいづか》に海老虹《えびこう》梁《りょう》を組み合わせた妻飾《つまかざり》（図42）がこの建物の正面を特徴づけており、その絵様の意匠から一八世紀中期の建立と推定される。

書院は前（北）に二室、後ろ（南）に三室の部屋を設けた接客のための建物で、北西角の一〇畳間に幅二間の床《とこ》と幅半間の棚を設けている。この座敷とその東に続く一五畳の間は広縁とともにほぼ建立当初の部材

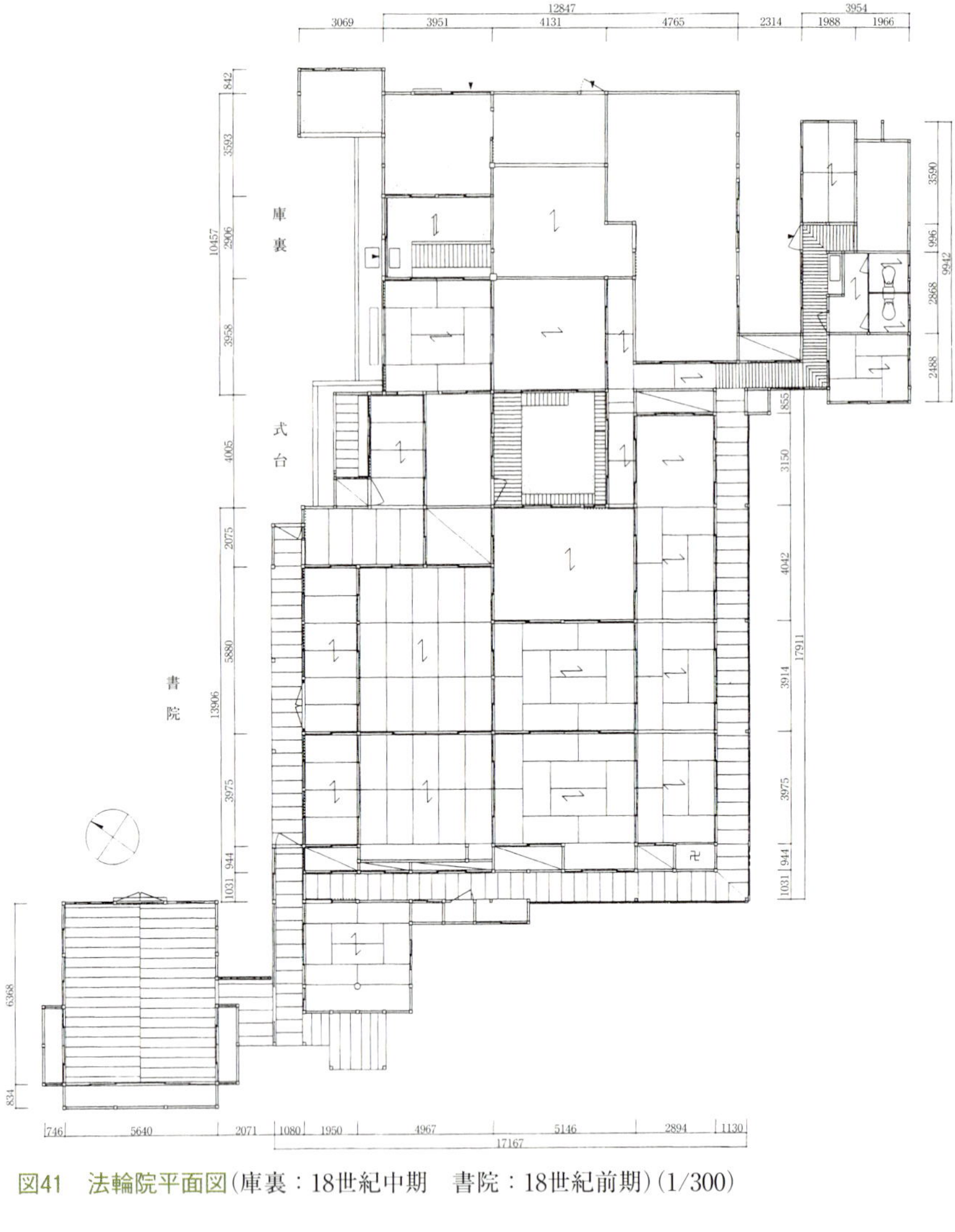

図41　法輪院平面図（庫裏：18世紀中期　書院：18世紀前期）（1/300）

図42　法輪院外観

図43　法輪院書院内部

を残し、舟肘木の形状、柱の面取などから一八世紀前期の建立と推定される。ただし、部屋と縁の境の柱が当初は一間ごとに立っていた痕跡があり、当初はさらに古風な趣きを持っていた。南側の部屋は明治一一年の明治天皇行幸にさいして改修・増築されたものである。

敷地内にはこの他、近代になって建てられた持仏堂・蔵・便所などの建物が軒を並べているが、おおむね伝統的な形式・技法で建てられており、また、式台玄関前の礫敷《れきじき》の庭や、書院前の庭も手入れが行き届き、近世の院家のありさまをよく伝えている。

宝性院は法輪院に向かいあって参道の北にあり、現在は寺務所として使われている。法輪院と同様、東側に庫裏（図45）、西側に書院（図46）があって、両者の間に入母屋造の式台玄関がある。三棟とも妻を正面（南）側に向ける。

庫裏の妻飾は虹梁大瓶束を用い、法輪院よりは華奢な意匠である。しかしその虹梁絵様や木鼻の繰形から、法輪院と同じ一八世紀中期の建立と推定される。内部は東半部が本来土間で、西半部に三室の部屋がある。もっとも寺務所として使うために改装されている。

書院は南に二室、北側に二室があって、東と南に畳敷きの広縁が設けられている。このうち南の二室と広縁が建立当初のままであり、柱は一間ごとに立って、古風である。西の一〇畳間に押板床が設けられている。北の二室は近年、改修されているものの、もともとの間取りを踏襲している。

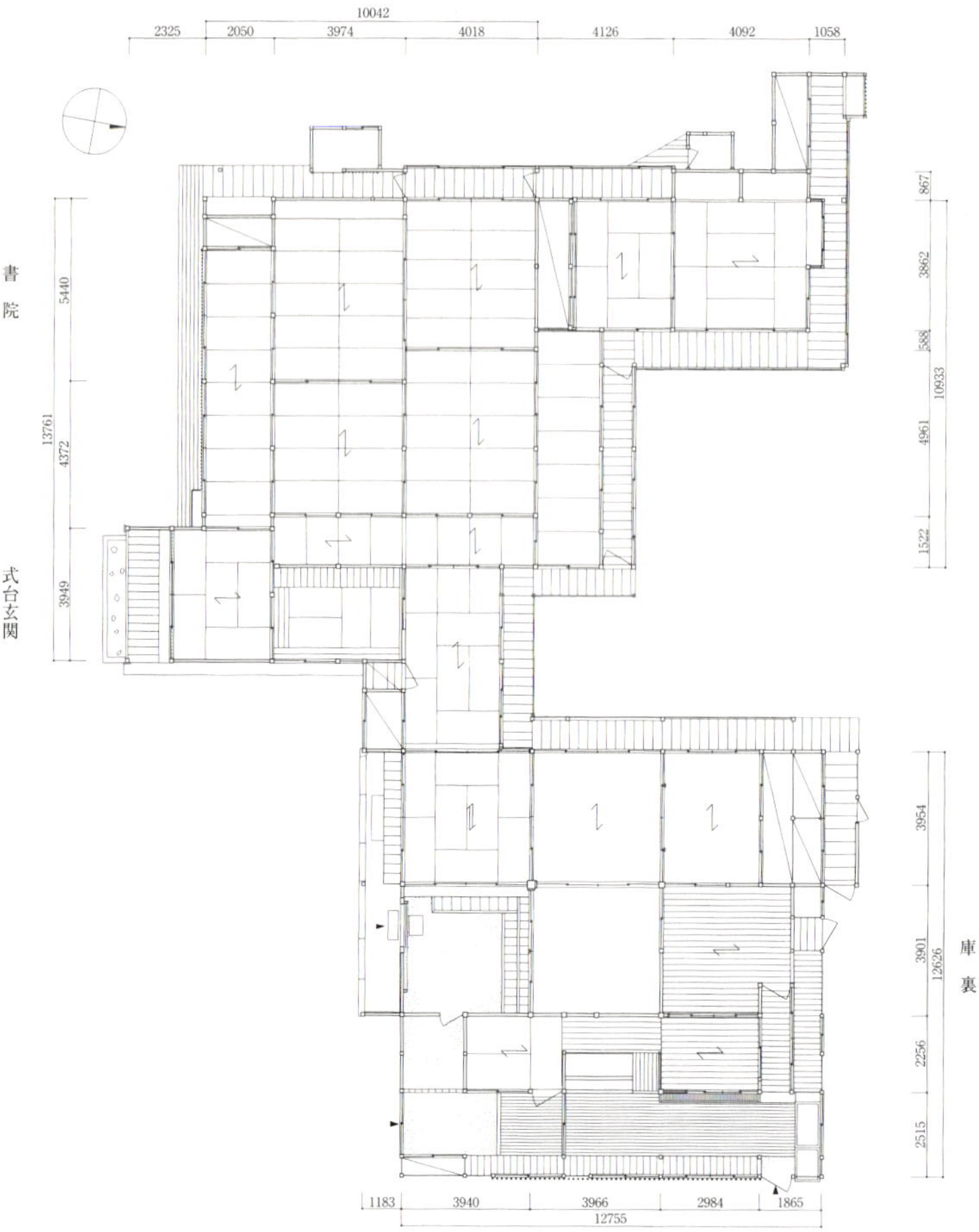

図44　宝性院平面図（庫裏：18世紀中期　書院：17世紀後期）（1/300）

図46　宝性院書院正面

図45　宝性院全景

図47　宝性院書院内部

書院は、江戸時代前期の技法をよく伝える質の高い建物で、建立年代は一七世紀中期から後期と考えられる。式台玄関は書院の東南隅を改造して付加しており、一八世紀に入っての改築であろう。

法輪院・宝性院は寺僧の住居であり、また寺務所に使われていることもあって、生活や用途に対応して改造が行われているのは当然のことではあるが、それでもなお、外観や室内の主要部は江戸時代前半の状態をよく伝えていて、手入れの行き届いた庭とも相まって、落ち着いたたたずまいを見せている。

院家の門

参道ぞいには七棟の近世に建てられた門が並んでいる。参道の北側の宝性院表門・拾翠園《しょうすいえん》表門・大黒天堂表門、南側の法輪院表門・公風園《こうふうえん》表門・不浄門《ふじょうもん》・世尊院表門である（いずれも東から）。

不浄門以外はすべて薬医門《やくいもん》である。薬医門とは、親柱と控柱の計四本の柱の上に、切妻造の屋根を載せた形式である。建立年代は法輪院が最も古く一七世紀前期、公風園・大黒天堂・世尊院が一七世紀の中期から後期、拾翠園は棟札があって宝暦六年（一七五六）、宝性院が一八世紀後期と、江戸時代前期から後期にわたる各時期の薬医門が立ち並んでいることになる。

形式は六棟の間に大きな差がない。組物を用いず、垂木に反り増しをつけるものが多く、間口規模も二・五メートル前後でほぼ揃っているが、仔細に見るとそれぞれ個性がある（図48）。まず世尊院だけが親柱に円柱を使っていて、他がごひら（断面が長方形）の角柱であるのと異なる。間口の規模も世尊院だけが大きい。寛文一二年（一六七二）の院家の石高を見ると、世尊院だけが他の二倍あって、財力の差がこうした規

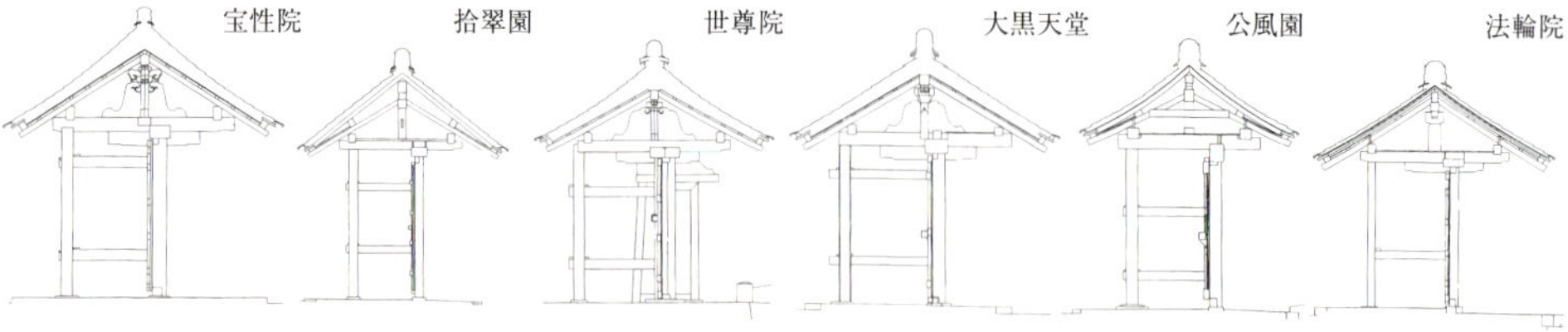

図48　院家の門の断面図

図49　宝性院表門背面（18世紀後期）

図50　法輪院表門部分（17世紀前期）

模・形式の差を生んだのかと想定される（第五章図5）。妻飾に蟇股を置くものは大黒天堂・世尊院・宝性院で、他が斗束《とづか》を置くだけのものに比して、装飾的で上質である。

法輪院は、現状では肘坪《ひじつぼ》金具で吊られている扉が、もとは軸摺穴《じくずりあな》に吊られてた痕跡があり（図50）、公風園は桁や梁にほぞ穴の埋木があり、世尊院は、冠木《かぶき》上に据えられた棟木を受ける獅子の彫刻付きの蟇股が、建立後に無理に嵌め込まれた形跡があり、それぞれ四〇〇年前後の時間の流れのなかで変化をうかがわせている。

不浄門はやはり一七世紀後期に建てられた棟門《むなかど》で、腕木を受ける持ち送りや棟木を受ける簑《みの》束《づか》などに独特の意匠が用いられている。寺僧の死去のさい、墓へいたる通路として用いられたという伝承も興味深いものがある。

その他の建物

参道の中ほどの北側にある大黒天堂は明治時代に建てられた仏堂で、入母屋造の妻を正面に見せた堂々たる建物である。内部は、前から一間目に柱を立てて外陣を設け、その奥は広い内陣で、背面の壁面に寄せて円柱を立てて厨子を設けている。簡素ななかにも、近代の復古的な意匠が光る佳作である。

大湯屋は大黒天堂の西に立つ小規模な切妻造り、桟瓦葺の建物である（図51）。妻を正面として、下に板扉、上に連子窓《れんじまど》をいれ、他の三方は小さい窓があるほかは全て壁で閉じられている。内部は二室に分かれて浴室が設けられている。その内装や設備は近年のものであるが、もともと同様な間取りで浴室があったと推測される。『石山寺年代記録』などに寛文五年（一六六五）に浴室が再建されたとの記録があるが、現在の大湯屋の屋根の上に享保一八年（一七三三）銘の鬼瓦があり、その頃に再建されたのが今の建物と見られる。全国的にも例の少ない湯屋の遺構として注目される。

図51　大湯屋

本堂の南下の岩山の裾に閼伽井屋《あかいや》がある。岩盤の間から出る湧水を溜めた井戸の屋形で、『近江輿地志略』には岩の奥の穴が本尊の座の下に通じると記している。幕末に建てられた建物と考えられるが、湿気のせいで部材の取り替えが著しい。

毘沙門堂の南隣りにたつ小規模な入母屋造り、桟瓦葺の建物が観音堂で、西国三十三所札所の観音を祀る。『石山要記』には、参拝者が札を奉納するので、札堂と呼ぶと記している。実際、観音堂の柱には無数の釘穴があり、そのことを裏づけている。また宝暦年中に京都の「市人三井某老尼」の志により建てられたと記され、毘沙門堂とともに庶民の信仰の実態を伝える建物である。

本堂の後方に立つ土蔵造りの建物が宝蔵である。漆喰の白壁と腰から下の海鼠壁《なまこかべ》が印象的な建物で、棟札が現存して、文化五年（一八〇八）に石山の大工、大津の瓦師、膳所の左官等の手で建てられたことが判明する。なんの装飾もない堅固な建物であるが、今も調度品等を保管する大切な建物である。離れてはいるが本堂の真後ろにあることも、寺宝を納める建物と本堂との宗教的な関連を示唆している。

多宝塔の北東の瀬田川や琵琶湖を臨む丘陵頂部にあるのが月見亭と芭蕉庵である。風景の眺望をたのしみ、また休息するための建物である。

月見亭は近世には観月亭とも呼ばれていたようで、崖にせり出した四方開放の一間四方の茅葺の建物で、床や天井の張り方に意を用いた瀟洒な建物である（第五章図6）。今の建物は昭和四年に建てられと推定される。芭蕉庵はそれに隣接する平屋建ての休息・物見のための建物で、茶室が設けられている。明治一六年の建立と考えられる。ともに近代の建物であるが、近世までの伝統をふまえた和風建築として注目される。

石造物

境内には五〇基以上の石造の燈籠・宝篋印塔《ほうきょういんとう》・宝塔・石碑などが立っている。このうち中世のものは宝塔二基と宝篋印塔四基である。

多宝塔の北西に二基並ぶ宝篋印塔は、西側が亀谷禅尼供養塔（重要文化財）、東が源頼朝供養塔と呼ばれている（『近江名所図会』による）。亀谷禅尼供養塔は南北朝の作、頼朝供養塔それに続く時期の作と推定される（図52）。前者は傷みが少なく、美しいプロポーションをしている。

多宝塔の西にあるのが高さ三メートルもある宝塔（重要美術品）で、鎌倉時代後期の作である（図53）。

図52　亀谷禅尼供養塔（左）と源頼朝供養塔（南北朝）

図53　宝塔（鎌倉時代後期）

経蔵の東にあるのが三重宝篋印塔（重要美術品）で、これも鎌倉時代の作である。一層目の四面には仏像を浮き彫りにしている。当初から三層であったかは疑わしい。

月見亭の崖下に立つ宝塔が淳祐内供供養塔と呼ばれている宝塔で、鎌倉時代後期の作である。参道を本堂の方へは昇らず、そのまま西へ谷筋をたどると、悪源《あくげん》太義平《たよしひら》の供養塔と呼ばれている宝篋印塔がある、相輪は欠失して五輪塔の空輪・風輪が載せられている。

以上の六基のほかは、近世から近代につくられたもので、特に一八世紀後半につくられた燈籠が多い。一八世紀後半に開帳がしばしば行われているので、多くの参詣者が来訪し、寄進する人が増えたのであろう。その寄進者は寺辺だけではなく、遠く長崎や宮崎にまでおよんでいる。

以上、石山寺の境内の主要な建物を概観してきたが、各時代の役割や造営の社会的に異なる多様な建物が見られ、しかも中世前期から近代にいたる各時期の建物が見られ、中・近世の顕密寺院の堂舎の構成をよくうかがわせている。

第五章　紫式部と『源氏物語』

奥田　勲

平安時代寛弘元年（一〇〇四）、紫式部は新しい物語を作るために石山寺に七日間の参籠《さんろう》をしていた。村上天皇皇女選子《せんし》内親王がまだ読んだことのない珍しい物語を一条天皇の后上東門院彰子《じょうとうもんいんしょうし》に所望したが、手もとに持合わせのなかった上東門院が女房の紫式部に命じて新作の物語を書かせようとしたので、式部は祈念のため籠ったのである。

参籠から何日目か、八月一五日の夜、月が琵琶湖に映えて、それを眺めていた式部の脳裏にひとつの物語の構想が浮かび、手近にあった『大般若経』の紙背に、

今宵は十五夜なりけりと思し出でて、殿上《てんじょう》の御遊び恋ひしく……

と、書き始めた。ある流謫《るたく》の貴人が都のことを想う場面である。

『源氏物語』は有名な冒頭、「いづれの御時にか女御・更衣あまたさぶらひたまひける中に……」（桐壺）から起筆されたのではなく、若い光源氏が恋の遍歴のあげくに、不祥事から須磨に退去し、十五夜の月に都での管絃の遊びを回想する場面から書き始められ、やがてその部分は須磨巻に生かされることになった。

源氏物語起筆伝説

図1　紫式部観月図（土佐光起）

上部に書かれいてるのは式部が物語の構想を得て物語を書き始め、のちに『源氏物語』須磨巻の一節に活かされたという「今宵は十五夜なりけりと……」の文章である。筆者は照光院道晃と伝えられているこれが中世以来語り伝えられてきた源氏物語起筆伝説である。石山寺に伝わる紫式部の絵像に、頭上にこの一節があたかも画賛のごとく書き込まれたものがある（図1）。

この話には確かな証拠があるわけではないし、近代の源氏物語成立論のなかでは全く無視されている。しかし、『石山寺縁起』や『源氏物語』の古注釈書である『河海抄《かかいしょう》』（一三六七成立）をはじめとして、いろいろな文献に記されているこの源氏起筆の物語は、古くから心ある人びとに親しまれてきて、石山寺は『源氏物語』と紫式部とともに語られることが多い。式部の参籠したという部屋は「源氏の間」（図2）として保存され、またその時使用したといわれる硯（図3）も今に伝えられている。

紫式部は、右少弁藤原為時《ためとき》の女で、上東門院彰子の女房であったから、選子内親王が、「めずらしからん物語や侍る」（『河海抄』）と彰子に尋ねることがきっかけとなって、新しい物語の執筆にとりかかることになったというわけである。石山寺は、『源氏物語』の成立の環境として、一条天皇の周辺となんらかの関係を有していたから生まれた話なのではないか。『源氏物語』五四帖のなかで、「須磨」「明石」に描かれた風光は、石山寺から琵琶湖を臨む景観のなかから発想されたと考えるのは不自然ではないだろう。

源氏の間

室町時代天文二四年（一五五五）、三条西公条《さんじょうにしきんえだ》は大覚寺義俊《ぎしゅん》・宗養《そうよう》・紹巴《じょうは》等を伴って、石山寺に詣でた。その日を選んだのはもちろん石山の十五夜の月をめでつつ紫式部の昔を偲ぶためであった。三条西公条（一四八七〜一五六三）は有名な歌人・古典学者三条西実隆《さねたか》（一四五五〜一五三七）の子で、当人もその時代を代表する文人、義俊（一五〇四〜一五六七）は近衛尚通《ひさみち》の息で、大覚寺に入り准三后《じゅさんごう》となった僧でともに連

図2　源氏の間
本堂の一角にあり、大きな火燈窓から外を見い出す形に設えられている

図3　古硯

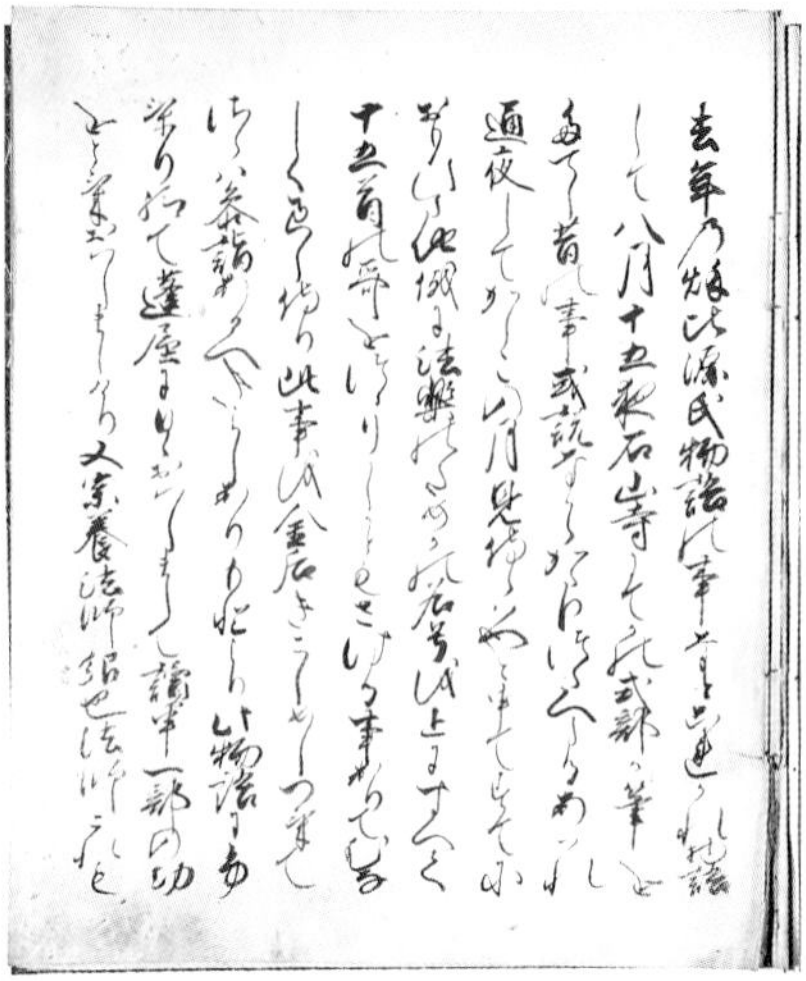

図４　石山月見記（三条西公条自筆）
「あはれ通夜してかしこの月見侍らばや」とある

歌を能くした。宗養（一五二六～一五六三）・紹巴（一五二五～一六〇二）は当代の代表的連歌師である。以下の記述は、公条自筆の『石山月見記』（図４）による。

　前年の秋、公条は数人の人びとを相手に『源氏物語』を講義し、その折りに石山寺の源氏物語起筆伝説をとりあげた。たしかに公条のいう通り「ある説」にすぎなかったこの起筆説であるが、当時の文人たちを石山に赴かせる力を持っていたのである。

　講義を聴聞した人びとも参詣を希望し、八月十五夜に石山で通夜し、紫式部の昔を偲ぶ計画が立てられ、石山観音法楽《ほうらく》のため観音名号《かんのんみょうごう》（なむによいりむくわむせおむほさつ：南無如意輪観世音菩薩）を冠に置いて十六首和歌まで詠んで用意した。公条の十六首和歌のはじめの三首を示す。

なびきあふ草の袂にかずみえて一葉のみかは秋の初風
むかしとはなにもとあらの小萩はらいやめづらしき花さきにけり
にはつどり鳴くこゑきけばあか月のふかき露もや涙なるらん
……………

歌の最初に「な・む・に」の文字が置かれているのがわかる。そして、「源氏の間」あたりで千句連歌を

図５　世尊院
（現在の位置は参道の奥の左手である）

図６　月見亭

巻くことも予定された。

ところが、なにか差し障りがあってこの年の石山行は実現しなかった。したがって一年待っての石山寺参詣であった。

この計画は義俊の耳にも入り、参加を申し出てきた。宗養・紹巴も源氏談義の同聴の人びとなので勧誘したのである。さまざまな準備をして、八月一四日に京都を出発し、昼すぎに石山寺に着いた。まず源氏の間で足を休め、あちこちの坊などを訪ね、はじめは世尊院《せそんいん》に宿ろうとしたが、月見にはふさわしくないと、倉坊を宿所に決めた。世尊院は名代の院であるが、参道の奥にあり、琵琶湖・瀬田川の眺望はもちろん望めない（図５）。しかし、倉坊はかつて、連歌の名作『石山百韻《いしやまひゃくいん》』（一三八五）が張行された坊で、二条良基《にじょうよしもと》の発句「月は山風ぞ時雨のにほの海」は倉坊からの眺望をよく物語っている。「にほの海」は琵琶湖の古名である。

倉坊は現存しないが、『石山月見記』やこの発句から考えると、現在月見亭と呼ばれる、石山の尾根東の突端にある亭の前身であろうか（図６）。

倉坊が月見亭の位置ならば、瀬田川・琵琶湖を望む景勝の地である。公条は倉坊を「ここに過ぎたる所あらじ」と満足している。倉坊には、「浩月」の額がかかり、「江山一覧」と題した一休宗純《いっきゅうそうじゅん》（一三九四〜一四八一）の墨跡があったと『月見記』が伝えるが、残念ながら現存していない。

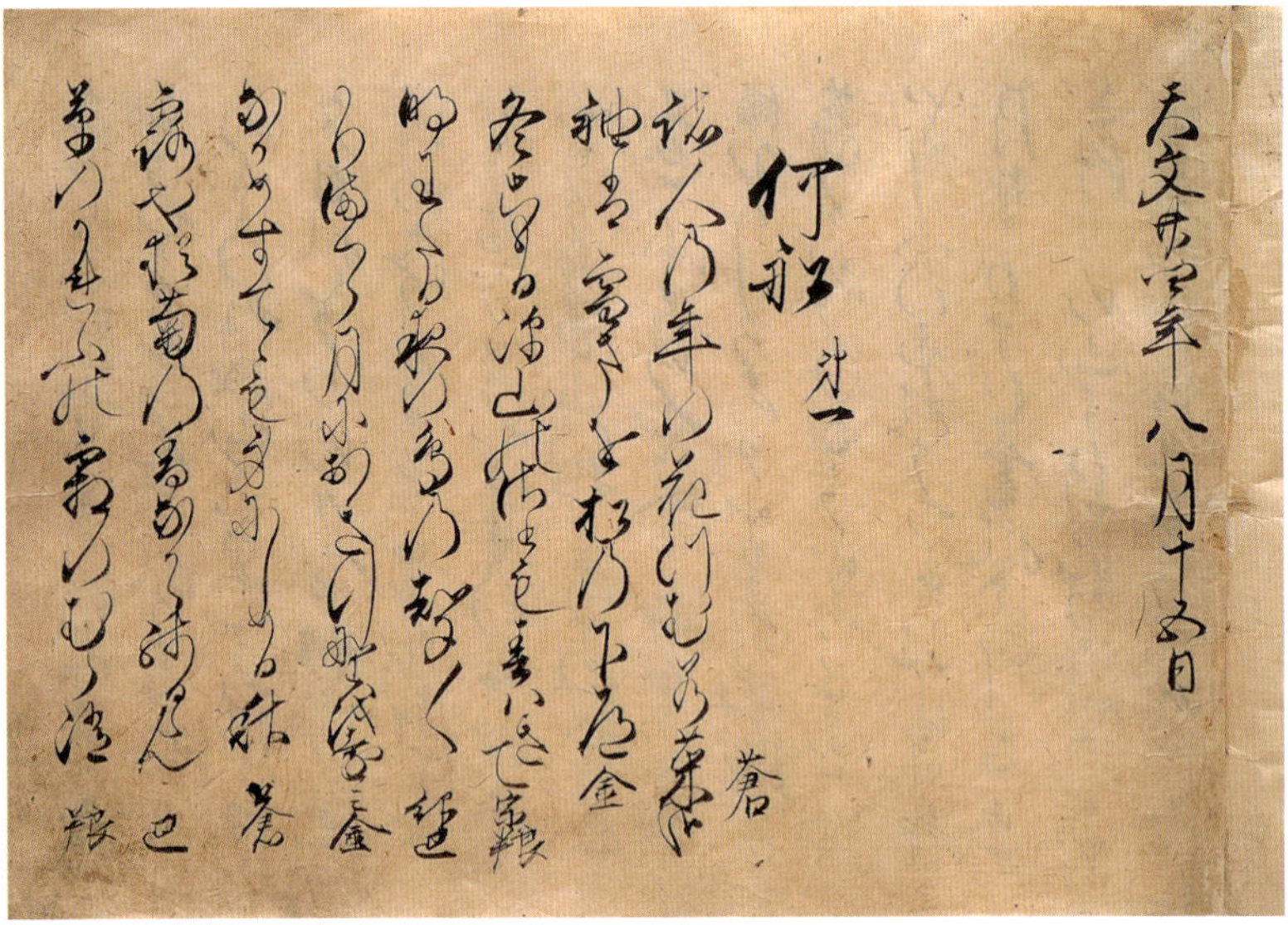

図7　石山千句（紹巴筆）　義俊の脇句は「袖は雪まを待つの下道」である

肝心の八月十五夜は月は雲に隠れていたらしく、なにも記していないが、予定していた千句連歌を、公条・義俊・宗養・紹巴の四人に執筆の理文《りぶん》・仍《なお》景《かげ》を加えて、一五日から一日二百韻ずつ詠み、一九日に満尾した。石山寺に紹巴自筆本が伝わる『石山千句』（図7）がこれである。作者名の「蒼」は公条、「金」は義俊の一字名である。

この千句は、第一百韻の公条の発句、

諸人《もろびと》の年の花つむ若菜かな　蒼

の「若菜」をはじめ、例えば第四百韻の紹巴の発句は「空蟬」を詠み込み、

空蟬《うつせみ》のから紅《くれない》か夏木立　紹巴

など、梅が枝・藤の裏葉・常夏・夕霧など、源氏の巻名を詠み込んだ発句を各百韻の巻頭に置いている。このように中秋八月一五日という季節を無視した発句で千句を巻くのは普通には考えにくいことである。というのは、連歌の発句はそれが詠まれる季節と環境に強く支配されるのが伝統であ

るし、連歌の世界において、とりわけ大事に扱われた雪月花のなかの月を無視して源氏巻名の発句にしているからである。しかし作者たちには、石山寺は単なる連歌の場ではなく、『源氏物語』と分かちがたいものとして、紫式部の起筆を記念することを優先させたかったのであろう。

四人は一日逗留を延ばして、八月二一日に帰洛する。『石山月見記』には、四人の十六首和歌と公条・義俊の漢詩の唱和および天竜寺の江心承董《ごうしんしょうとう》が四人の石山行に寄せた一文（流布本『石山月見記』にはこれを欠くが、石山寺蔵本によれば二ページにわたって付載されている）が添えられている。

源氏の間は天正三年（一五七五）、薩摩の島津家久《しまづいえひさ》が上京した折り、紹巴を案内役として京都周辺を歴訪した時の記録（『家久君上京日記』）にも「石山の観世音寺へ参詣候へば、源氏の間とて紫式部源氏を書き立てし所あり」と記され、中世後期には有名な名所の一つとしての地位を確保していたことがうかがえる。ただ、公条の一行は湖水の眺望を源氏の間に求めていないから、当時から今のように本堂の一角にしつらえられていたのであろうか。

石山寺文学の種々相

石山寺は創建以来、多くの人びとの信仰を集め、参詣や参籠が行われてきたことはいうまでもない。その跡は、石山寺で詠まれた和歌・連歌・漢詩文にも数多く残されている。尊賢僧正《そんけんそうじょう》の編集した寺誌『石山要記』（図8）の第一〇～一二冊はそれを集成した貴重な記録である。知足庵尊賢僧正（一七四九～一八二九）は江戸時代の石山寺にあって、石山寺一切経の整備の大事業をはじめ、全山の記録の編集などかずかずの事跡を残した学僧である。

その『石山要記』によると、和歌として最初に掲げられているのは、

東三条院石山に詣でておはしましけるに、秋の尽くる日、人々浮き橋といふ所にまかりて、帰りがてにして歌詠み侍りけるに、

権大納言行成

君が代に千たびあふべき秋なれどけふの暮をば惜しみかねつも（新拾遺集・巻七・賀歌七一四）

という、行く秋を惜しみつつ天皇の治世を賛美する和歌である。東三条院（円融天皇女御詮子／九六一～一〇〇一）が石山寺に参詣した帰途、浮き橋というところで秋の尽きる日つまり九月尽に寄せて、同行した藤原行成（九七二～一〇二七）が詠んだことが詞書からわかる。「浮き橋」というのは江戸時代の絵図などに「夢の浮き橋」とあるのがそれであろう。絵図によれば石山の麓、瀬田川のほとりにあり、螢谷から瀬田川に流れ出す小川にかかる橋である。山門を出て瀬田川ぞいに歩みを進めるとやがて渡る橋の名であろう（図9）。

これをはじめとして、石山寺を訪れて詠歌を残した人びととして、藤原実方《さねかた》（九九八没）・藤原長能《ながよし》（九四九?～一〇一二頃）・藤原公任（九六六～一〇四一）・藤原為家《ためいえ》（一一九八～一二七五）・近衛政家《まさいえ》（一四四四～一五〇五）・三条西実隆・同公条、伊勢大輔《いせのたいふ》（生没年未詳、平安中期）・菅原孝標女《すがわらたかすえのむすめ》（一〇〇八～?）、頓阿《とんな》（一二八九～一三七二）、尊海（一四七二～一五四三）、細川幽斎《ほそかわゆうさい》（一五三四～一六一〇）など、連歌では、二条良基（一三二〇～一三八八）・周阿《しゅうあ》（一三七七没か）・侍公《じこう》（救済《きゅうぜい》）（一三七五没か）・宗養・紹巴、漢詩文では、藤原敦光（一〇六三～一一四四）・藤原茂明・藤原周光・釈蓮禅・三条西公条・大覚寺性深・江心承董・林羅山（一五八三～一六五七）・沢庵禅師（一五七三～一六四五）・松永貞徳（一五七一～一六五

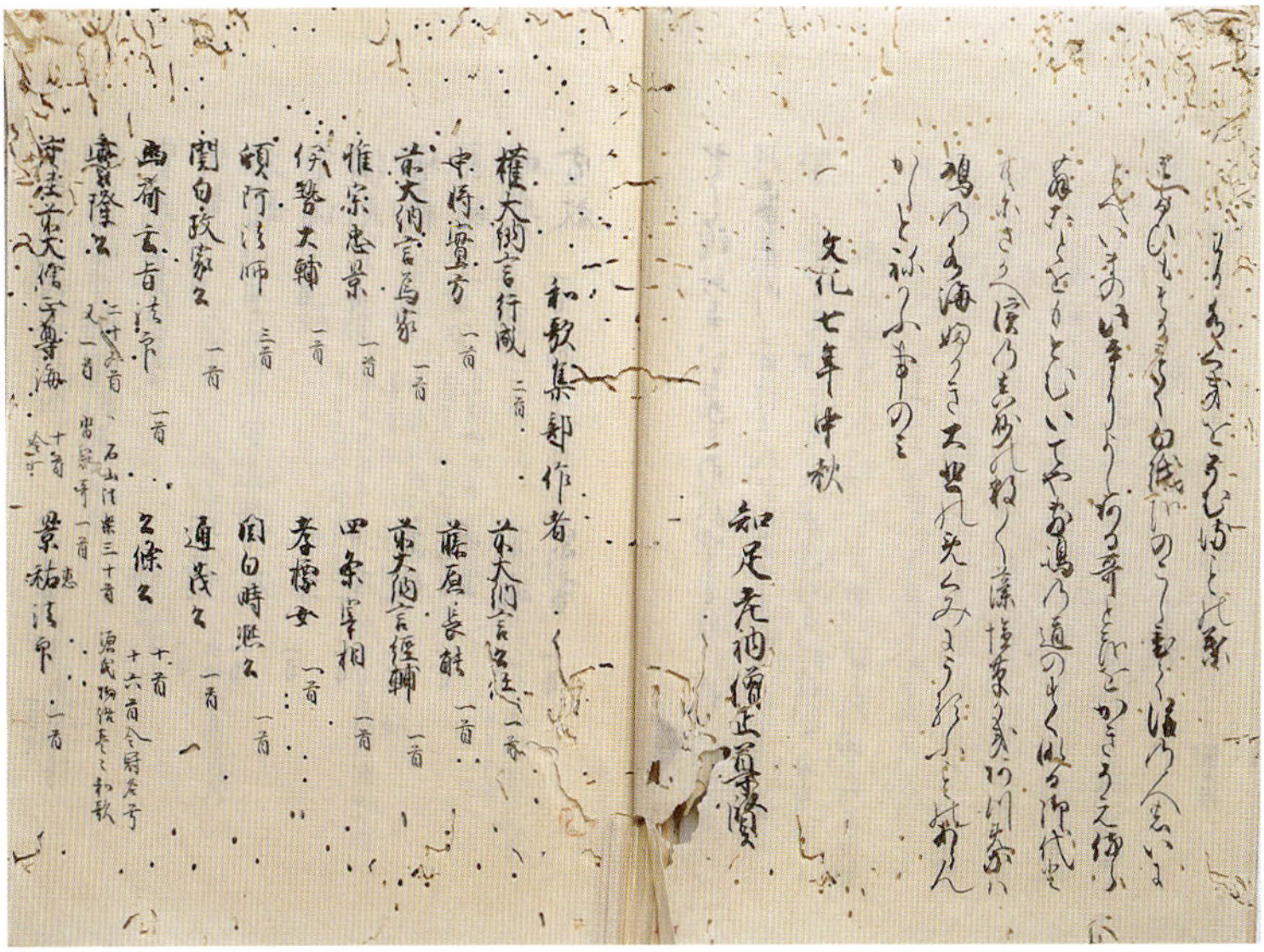
和歌集部作者

権大納言行成 二首

前大納言公任 一首

中将實方 一首

藤原長能 一首

前大納言為家 一首

前大納言経輔 一首

惟宗忠景 一首

四条宰相 一首

伊勢大輔 一首

孝標女 一首

頓阿法師 三首

文化七年中秋

知足庵栖僧正尊賢

図8　石山要記（尊賢僧正筆）

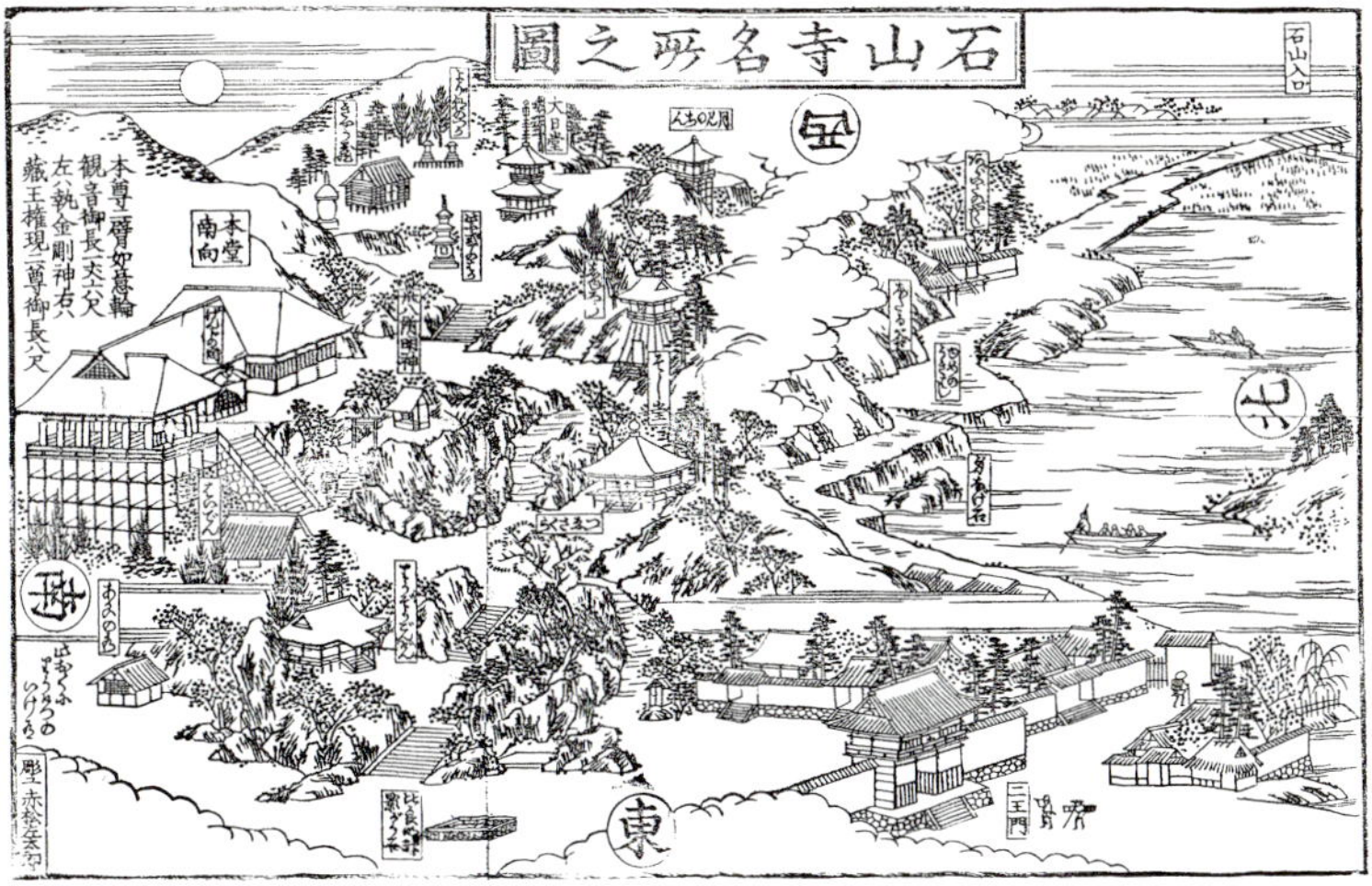

図9　石山寺絵図

左手本堂に「げんじの間」、中央上部に「月見のちん」、右手に「ゆめのうきはし」とある

三）・石川丈山（一五八三〜一六七二）など、各時代にわたり、貴族・女房・武将・僧侶・儒者などさまざまな階層・分野の人びとの作品が集成されている。

もちろん尊賢の収集以外にも、多くの歌人が石山を訪れ、詩歌を残している。古くは、『古今集』（二五六）の紀貫之、『後撰集』（一一二六）の藤原敏行をはじめとして、近代にいたるまで枚挙にいとまがない。

散文の世界にも石山詣での記録を残した人は少なくない。そのなかでの圧巻は『蜻蛉日記』であろう。天禄《てんろく》元年（九七〇）三五歳の作者右大将道綱の母は、夫兼家の女性関係に不審を抱き、鬱屈のあまり一〇日ばかりの石山参籠を思い立つ。わずかな供を連れて、妹など内輪の人にも知らせず、夜明けに出立し山科・走井・逢坂の関を越え、打出の浜にたどり着き、そこから乗船して申の終り（午後五時頃）にようやく寺に到着する。行程や道中の苦しみ、さまざまな出来事が具体的に語られ、平安時代の女性がどのように石山寺への憧れを抱き、苦しみつつもそれを実現していたかがよくわかる。

寺の描写も詳しく、「御堂」は高く、下は谷で、片側の崖には木が生い茂っている、見下ろすと麓にある泉は鏡のように見える、などと記されている。御堂で祈り、暁方にまどろんだ時に、寺の別当とおぼしき法師が、銚子に水を入れて持ってきて、右の膝に注ぎかけるという夢を見る。この場面は『石山寺縁起絵巻』第二巻に描かれていて有名である（図10）。

『更級日記』の石山詣でも同じように発願から実行までの経緯が詳しく語られ、御堂に参籠して見た夢を、きっと吉夢だと自分に言い聞かせて勤行を続けたと記している。この記事も『石山寺縁起絵巻』によって視覚化されている。

『源氏物語』の読者が拡大していくにしたがって、人びとは『源氏物語』や紫式部に因《ちな》んだ美術品や文学

図10　石山寺縁起絵巻　巻第２第３段　画面左手で僧が眠っている道綱母に水をかけている

作品を石山寺に寄せて、平安朝のいにしえをしのぶよすがとするようになった。それらのなかには、有名なこの『石山寺縁起絵巻』、土佐光起《とさみつおき》（一六一七～九一）筆とされる『源氏物語絵巻・末摘花』（図11）、あるいは各時代にわたる式部の画像——その多くが湖面に映る月を眺めて物語の想を練っている図柄である——の数々がある（図１・12）。

一方、源氏のテキストで石山寺に伝来しているものとして、白河楽翁《しらかわらくおう》の寄進にかかる美麗な『源氏物語』写本、江戸時代初期の貴顕が一帖宛分担書写した寄合書《よりあいがき》の『源氏物語』などがあり、また源氏物語に因んで文人たちが奉納した和歌（後述）・俳諧・紀行も多くを数え、石山寺と紫式部に心を寄せる風雅の士が各時代にいかに多かったかを示している。

白河楽翁松平定信（一七五八～一八二九）が寄進した『源氏物語』五四帖はそれら逸品

図11　源氏物語絵巻 末摘花(土佐光起)

図12　紫式部観月図(英一蝶)

図13　源氏物語（玄陳筆）

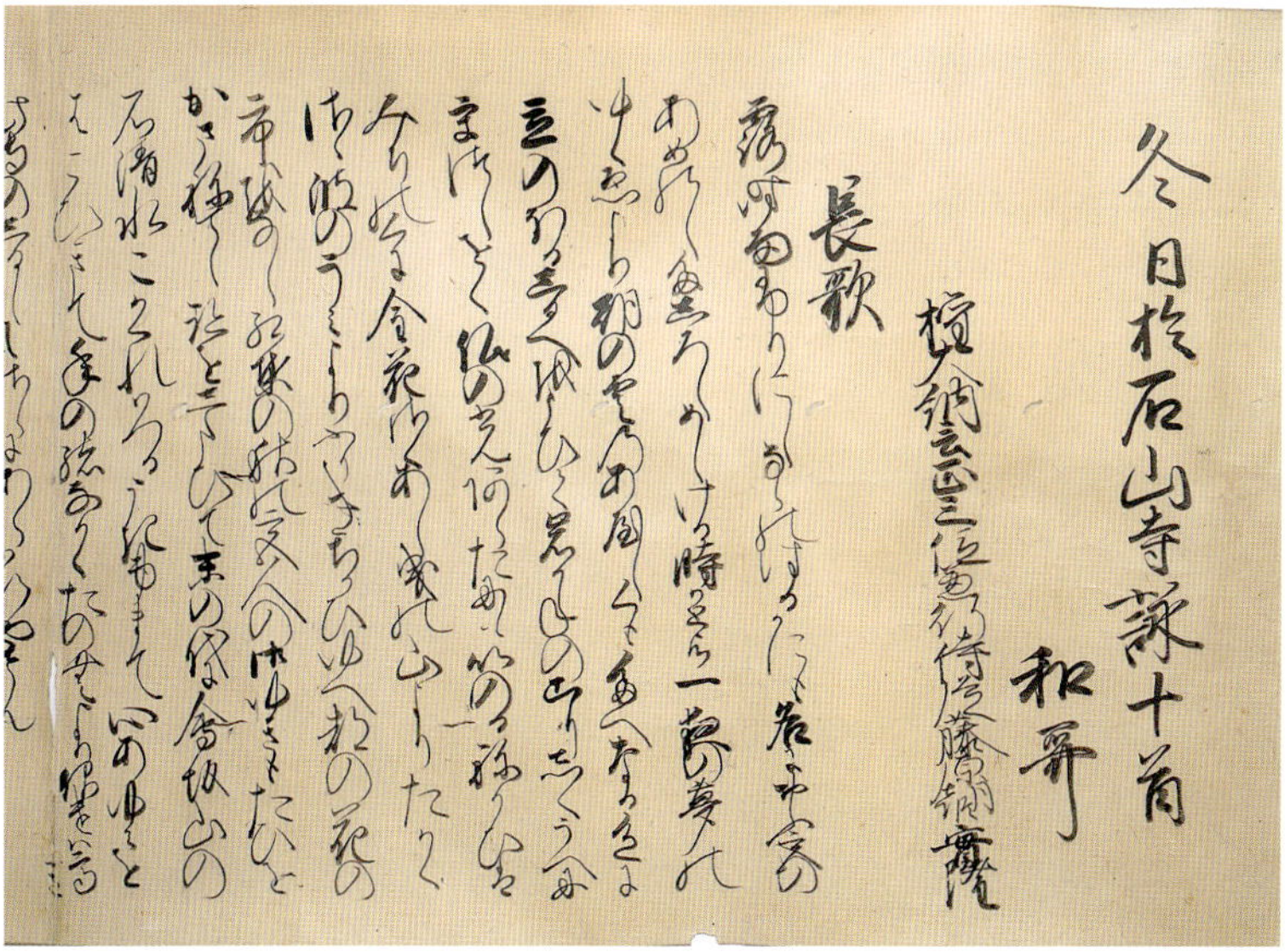

図14　石山寺十首和歌（三条西実隆自筆）

の一つである（図13）。題簽《だいせん》は名筆家近衛三藐院信尹《さんみゃくいんのぶただ》（一五六五〜一六一四）が端麗な筆蹟で記し、本文は幕府御連歌師里村玄陳《げんちん》（紹巴の孫）が定家風の筆致で書写しているというだけでなく、表紙は各帖ごとにさまざまな美しい型押しや墨流しで飾られ、全巻を納める木目の美しい桑の箱もそれ以上に贅《ぜい》を尽したものである。

石山寺において詠まれた和歌の例を一つあげよう。室町時代を代表する文人の一人である三条西実隆の『石山寺十首和歌』は、「冬日於石山寺」と表題されているように、石山寺を詠歌の場として作られた定数歌で、石山寺に実隆自筆の原本一巻が所蔵されている（図14）。

この十首和歌は、一般的な短歌一〇首ではなく、長歌・反歌・旋頭歌《せどうか》・混本歌《こんぽんか》・物名歌《ぶつめいか》・折句《おりく》歌・折句沓《おりくくつ》冠《かんむり》歌・廻文歌《かいぶん》・無同文字歌・俳諧歌の一〇種類の歌体による十首詠であり、実隆らしい工夫が凝らされた作品ということができる。作者がこの十首和歌の詠作の場として石山寺を選んだのは、この寺に長年にわたって醸成されてきた文学的環境が、それに相応《ふさわ》しいものという認識があったからであろう。

『源氏物語』と和歌

『源氏物語』にちなんで詠まれた和歌は世に多い。ここでは石山寺に所蔵されるものを中心に紹介しておこう。その多くは『源氏物語』五四帖の各巻に寄せた和歌五四首で構成される。きりつぼ・ははきぎ・うつせみ……と始まる源氏五四帖の巻名や巻の内容に因む和歌を連ねるのが一般である。作者として、三条西実隆・北村季吟《きぎん》（一六二四〜一七〇五）・松平吉里《よしさと》（一六八六〜一七四五）・鴨祐為《かものすけため》（一七四〇〜一八〇一）・松平定信《さだのぶ》・北村季文《きぶん》（一七七八〜一八五〇）・堀田正敦《ほったまさあつ》（一七五八〜一八三二）などの名をあげることができる。

作者について若干の解説を加えるならば、季吟は『源氏物語湖月抄《こげつしょう》』の著作で有名な歌人・古典学者、松平（柳沢）吉里は柳沢吉保の長子で大和《やまと》郡山《こおりやま》城主、鴨祐為は下鴨神社の神職で歌人、松平定信はいうまでもなく楽翁の名で知られる奥州白河城主、北村季文は季吟より六代の孫の歌人、堀田正敦は幕府の重臣で寛政の改革の大立て者である。これらの源氏物語和歌は、そのほとんどが石山寺に奉納することを前提として詠作されたことが奥書などによってわかる。このように、さまざまな階層・分野の人びとが同じような心寄せを『源氏物語』と石山寺に抱いていたことは興味深い。

上述の作者のなかでも異色は鴨祐為である。祐為は源氏フリーク、または紫式部フリークとでも呼ぶべき源氏物語愛好家である。その『源氏物語巻名和歌』は「き・り・つ・ほ」「は・は・き・き」など、『源氏物語』の各巻名の各一音節ずつを、順に和歌一首の冠に置いて詠んで、それを『源氏物語』の巻順に配列したものである。また、安永二年（一七七三）に成った『源氏須磨巻詞沓冠《くつかんむり》歌』（図15）は、例の須磨巻の一節、「こよひはじふごやなりけり……」の一〇〇字を歌の上の句の頭に冠し、さらに「うみのうへくもりなくみえわたれるも……」（明石巻の一節）の一〇〇字を下の句の頭に冠して一〇〇首詠ずるという手の込んだ作品である。その序にいう、八月十五夜に紫式部の霊前に参籠しようとして、石山に登山して、琵琶湖を望見すると月は山の端に上り、「清光浪上に浮かぶ。かの須磨・明石の巻を思ひ出でて」一夜の早吟をなし、式部の霊前に供えたと。はじめの二首を示そう。

この秋はわれもみやまの苔衣　＊うらめづらしき月をこそ見れ

よふねさす音も聞こえてさざなみや　＊みづうみ遠く澄める月影

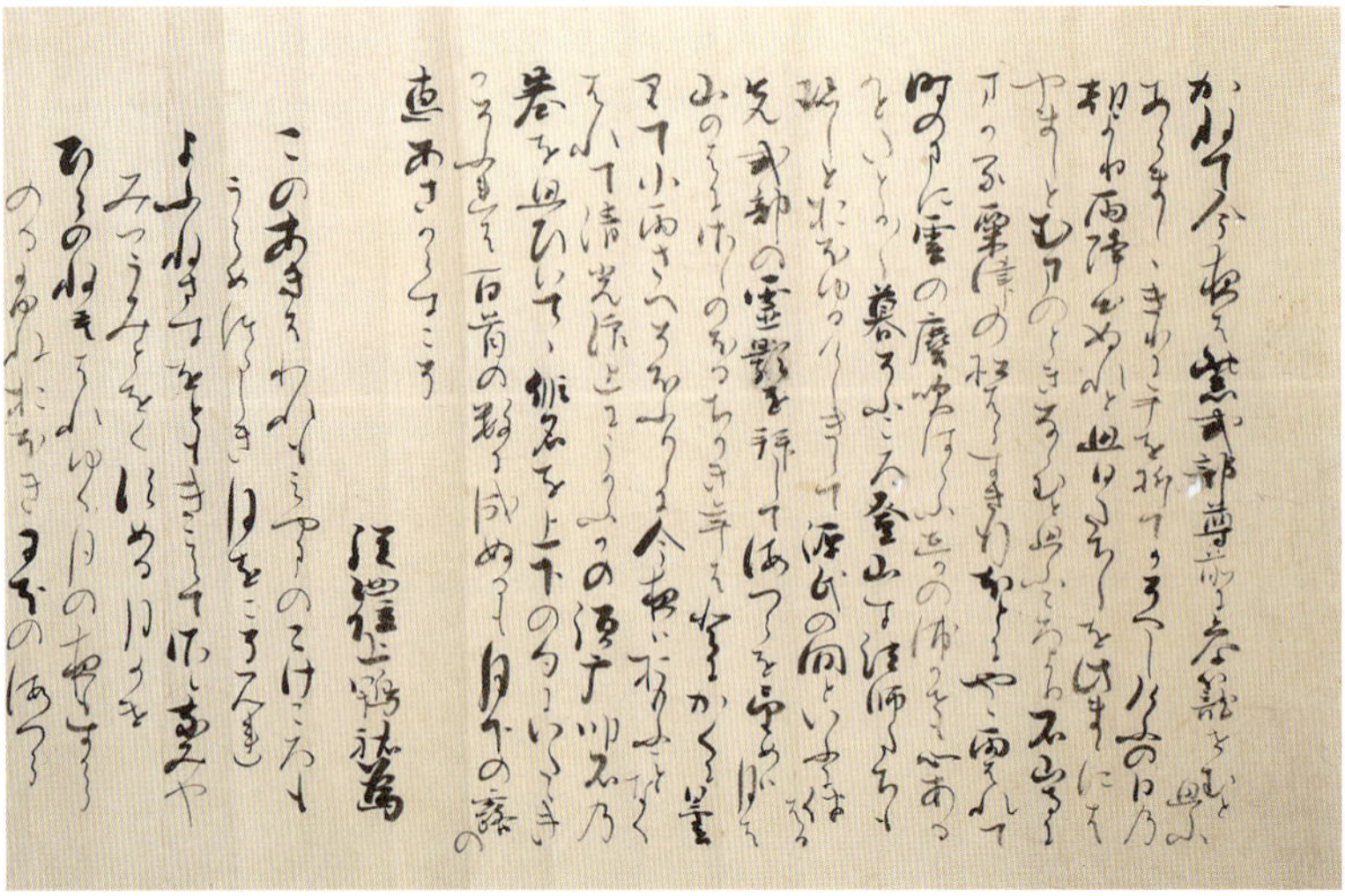

図15　源氏須磨巻詞沓冠歌（鴨祐為自筆）

図16　紫式部像（鴨祐為作）

これを一〇〇首連作するという凝り方である。祐為はほかにも『源氏物語和歌』数種を遺し、また紫式部の愛すべき小像（図16）を自ら刻んでおり、その傾倒ぶりがうかがえる。

源氏絵の世界

『源氏物語』は絵画と結びつくことで、文学と絵画の融合という新しいジャンルを生み出した。徳川美術館・五島美術館に蔵せられる国宝『源氏物語絵巻』がその代表的な作品であることはいうまでもない。しかしその価値があまりにも絶対的なものとして語られ、他の源氏絵が軽視される向きがあった。その傾向に今修正が迫られている。源氏絵は各時代に絶えず制作され、その数は驚くべきものである。さらに重要なのはそれらが前代の源氏絵を継承しつつ成立していること、そしてその絵の作者の『源氏物語』の理解や解釈を知ることができるとともに作品が成立した時代・社会・環境を内包していることである。

しかし、この検討を可能にするにはサンプルの多さが必要条件であることはいうまでもない。石山寺の収蔵品はそれを可能にする質と量を有していることを特筆する必要がある。

ここではその石山寺収蔵品のなかから、ひとつの共通の場面を選び、比較・分析してみよう。

『源氏物語』の第一〇番目の巻は「賢木《さかき》」である。光源氏のかつての恋人六条御息所《ろくじょうみやすどころ》は、娘が斎宮として伊勢へ下向するのに同行して都を離れようと思っている。それはいまだに強い光源氏への思いを、空間的に遠く隔たることで断ち切ろうとしているのである。御息所は光源氏への執着から、物の怪《もののけ》となって、源氏の若い恋人夕顔にとりつき息絶えさせ、正妻葵の上の産褥の場にも現れ、ついに葵の上の命を奪うことになった。それほどまでに激しい御息所の源氏に対する思いを源氏はもてあまし、疎《うと》ましくさえ思いつつも、永遠に別れることには未練を感じないわけにはいかない複雑な心境である。そのような葛藤を抱えて源氏は、伊勢下向の前に斎宮が籠もり精進潔斎をする野々宮に向かう。

九月七日、秋の花はすでにしおれ、枯れ枯れの浅茅原《あさじがはら》に鳴く虫の音もかすかに聞こえ、松風の音は心にしみるなかを源氏の一行は野々宮に着く。黒木の鳥居の宮のたたずまいはさびしいながらも神々しい気配である。

案内を乞うと、六条はためらいつつもさすがに奥の居間から廂《ひさし》の間ににじり出てくる気配である。源氏も遠慮がちに簀《す》の子までは許してほしいと、簀の子に座を占める。二人を隔てるのは御簾《みす》ばかりである。折りから夕月の光があたりを照らしている。光源氏は長年の無沙汰の言い訳をもっともらしく申し述べるのも面《おも》はゆい思いがして、榊《さかき》の枝を折り取って持っていたのを、御簾のなかに差し入れて、「この榊のように変わらぬ心を道しるべにしてはるばるお訪ねしたのに、部屋に通して頂けないのはなんともつれないお仕打ちです」と恨み言をいう。御息所は、

神垣はしるしの杉もなきものをいかにまがへて折れる榊ぞ

（ここの神垣には人を導く目印の杉もないのに、どうおまちがえになってこの榊を折ったりして訪ねていらっしゃったのでしょう）

と歌で応じる。源氏は返歌として、

少女子《おとめご》があたりと思へば榊葉の香をなつかしみとめてこそ折れ

（神様にお仕えする少女《おとめ》のいるあたりと思いますので、榊葉の香に心ひかれ、探し求めて折って参ったのです）

を詠み、遠慮しつつも御簾を引きかぶったようにして上半身だけは室内に入れて長押《なげし》に寄りかかっている。

これが野々宮の別れの場面として古来愛誦された一節である。多くの源氏絵の作者も当然ながらこれを絵画化しようとしている。石山寺が所蔵する源氏絵からこの場面を描いたもの三種を選んでみた（図17・18・19）。

三作品それぞれに、黒木の鳥居によって野々宮であることを示し、小柴垣やお供の人びとを描いている。肝心の光源氏は、土佐光文（一八一二〜七九）の作では、簀の子に畏《かしこ》まり、御簾を隔てて御息所と言葉を交

図17　源氏物語絵 賢木（土佐光文）

図18　源氏物語絵 賢木（藤原俊章）

図19　源氏物語画帖　賢木

わしている風情である。御息所の姿は我々の想像のなかにあるだけである。藤原俊章は同じように簀の子に座り御簾を前にする源氏を描くが、思いがけないことに、手前の一間は格子も御簾も開け放たれ、きれいな衣装を着けた女性の姿があらわに見える。右手前には几帳《きちょう》が置かれているが女性の姿を隠すほどにはなっていない。この女性が御息所であることは疑いない。源氏の視線も御息所に向けられ、手にした榊の枝を今にも差し出そうとする様子である。ではもうひとつの『源氏物語画帖』はどうであろうか。ここでは吹き抜き屋台のテクニックを用いて、部屋の内部と御息所の姿を明瞭に描き出している。しかも、榊の枝を手にした源氏は御簾を背に部屋に入り込みなんの隔てもない御息所に接近している。承応版本の『源氏物語』の挿絵もほぼ同趣向である。

物語のテクストの視覚化という課題を、三者はそれぞれに違う方法で果たしている。『源氏物語』の本文に最も忠実なのは光文の作であろう。御息所の強い拒否を表す御簾が厳然と源氏の前にある。前に示したように、このあと源氏は次第に簀の子から廂の間に入り込もうとして御簾をかぶるようにして長押にもたれかかるが、それが限界であった。最後は手を取り合って別れを惜しむ二人であるが、あくまでも隔絶された関係として紫式部は描き切っている。その隔絶感を光文はこのように描き出している。伝俵屋宗達の作も全く同趣向であり、そこには手にしているはずの榊の小枝さえも描かれていない。やはり、末流とはいえ土佐派二三世の絵師にとって、守るべき物語絵の伝統があったのではないか。

俊章はそれも描きつつ、御息所の姿を色彩鮮やかに形どった。現実にはあり得ないが、御簾の向こうの御息所の姿を見たいという読者の期待に応えて、画面に描き込んだのである。『画帖』も別の方法でそれを実行した。吹き抜き屋台の技法は部屋の内部を読者に具体的に示す最も有効な方法であるが、これによって御簾の外側は描くことができなくなった。『画帖』の作者は本来、御簾の外または境界上にいるはずの源氏を榊の枝を持って部屋に入り込んでくる姿として描いた。そこには伝統を守るよりも、物語読者の心情に寄り添ってイメージを再構成する方法が取られていると考えるべきであろう。

ただし、源氏絵に限らないが、物語の場面を描く絵師が、物語の筋や内容に通暁していたわけではないことはすでに説かれている通りである。しかも、彼らがよりどころにした物語は、『源氏物語』でいえば、中世近世に数多く制作・出版された梗概書であったことも指摘されている。そこには元のテクストのディテールは省かれ、主要人物の動向が略述されるだけである。それによって場面が構成されれば、そこに働く大きな要素は読者への配慮であろう。

源氏は榊の小枝を御息所に手渡し、御息所はそれをきっかけに歌を詠み、二人の間にコミニュケーションが成立する。それを描きつつ、読者が期待するであろう御息所の姿や室内の様子を同時に描くことをあえてする、という結果になる。しかし、この方法が源氏絵の衰弱した姿と評価するのは早計であろう。それぞれの時代や社会を背景にしつつ『源氏物語』が再生産されていく様相として、特に『源氏物語』が視覚的メディアを介して大衆化していく意義はきわめて大きいといわざるを得ない。

源氏絵はさまざまに変容を遂げ、江戸時代には浮世絵師が紫式部や『源氏物語』の女君を遊女のような姿で描くことさえ行われた。石山寺には、勝川春章（一七二六〜九二）の描いた「見立紫式部」（図20）が所蔵されている。そこには文机に両肘を突き、片膝を立てて思案している江戸風俗の美人が浮世絵として描かれている。筆墨を前に置き、紙を広げて思案している姿は式部像の基本線を守っていると同時に背後の床の間には北村季吟の『源氏物語湖月抄』を納めた本箱が置かれているというユーモアもある。江戸時代の人びとが求めた紫式部の姿なのであろう。

図20　見立紫式部（勝川春章）

また、幕末の浮世絵師として人気の高かった歌川国貞（三代豊国／一七三二〜一八一〇）が、源氏五四帖を浮世絵として描ききった傑作『紫式部源氏歌留多』も寺に伝わる（図21）。時代を超えて過去の人間を描く方法として、歌舞伎や浄瑠璃を積極的に取り入れ、江戸時代文化の重要な技法として評価されているのが「見立て」である。平安貴族社会の優雅な世界を、俗な江戸時代に移し換えることを悪趣味だとする意見もあろうが、『源氏物語』は基本的に「人間」のドラマであり、そこには時代や社会を超えた真実があり、それを同時代的に感受することに意味を見いだしたことによって、『源氏物語』は江戸時代的に再生し得たのであろう。

　ここに示したのは石山寺が収蔵するごく一部の源氏絵による比較と分析である。これが可能なのは前述し

図21　紫式部源氏歌留多（歌川国貞）
若紫巻　若紫が若魁姿で描かれている

たように、石山寺歴代座主が、この寺の紫式部と源氏のゆかりに心を寄せ、源氏にかかわる諸作品を収集されてきたからこそである。源氏絵にとどまらず、『源氏物語』にかかわる一切のものを見渡し、比較し、分析して、各時代の人びとがどのようにこの物語に心を寄せてきたか、そして『源氏物語』が古典としてどのような意味と価値があるかを総合的に考えることができる宝庫が石山寺であることを結びとして記しておきたい。

第六章　聖教の伝承

沼本克明

石山寺は多種多様の文化財の所蔵においても日本屈指の寺院として夙《つと》に著名であるが、なかでも代々所蔵の聖教《しょうぎょう》類は我が国の代表的なものである。聖教とは本来は仏の教えを説いた書籍を指す言葉であろうが、各寺院において信仰の対象として、あるいは研学のテキストとし護持されてきた一切の書籍を指すものといえる。石山寺の聖教は奈良朝以来の貴重なものが多く国宝・重要文化財に指定され、また学界にも公表活用され、我が国の仏教史・文化史・語学史・文学史研究の資料として果たした役割は大きなものがある。

昭和四六年に故佐和隆研博士を代表とする石山寺文化財綜合調査が開始され、聖教を中心に、以後毎年二回ずつの調査が今日まで続いている。以下にそれらの調査研究の成果にもとづきながら石山寺所蔵の聖教について概要を紹介することとする。

薫聖教と淳祐

石山寺の寺伝で「薫聖教《においのしょうぎょう》」と呼ばれ、特に大切に扱われてきた一群の経巻がある。いずれも石山寺の第三代座主であった淳祐内供《しゅんにゅうないく》（八九〇～九五三）の自筆本として国宝に指定されており、石山寺を象徴する聖教である。

淳祐については『石山寺縁起絵巻』『石山寺僧宝伝』などの寺伝その他各種の記録によって知られる。寛平二年（八九〇）に菅原淳茂《すがわらのあつしげ》の子、即ち菅原道真《すがわらのみちざね》の孫という名家に生まれた。昌泰二年（八九九）、幼くして世相の頼りなきことを観じて家を出で、真言宗小野流の観賢《かんけん》の下で出家し石山寺普賢院に隠遁した。のちに天暦二年（九四八）内供奉《ないぐぶ》に昇り、普賢院内供と号された。天暦七年に六四歳で入滅した。延喜二一年（九二一）一〇月二五日、師の観賢が醍醐天皇の勅を受けて、弘法大師の謚号《しごう》（おくり名）と紫衣を下賜するために高野山の空海の御廟に参じた。淳祐も同道を許されて紫衣を取り替える場に立ち会った時に、弘法大師の膝に触った手に芳薫が移って何時までもそれが消えなかったという。その薫香の残る淳祐自らの手で書写した聖教を「にほひの聖教」と呼ぶ。石山寺尊賢《そんけん》僧正の著作『石山要記　第三聖教』（文化六年（一八〇九）写本）では、次のように記している。

　爾保比《にほひ》聖教

　普賢院内供、一期《いちご》書写之《の》聖教也《なり》。世に爾保比の聖教と云ふ。委細は石山僧宝伝の中に載せたるが如し。縁起に云はく、般若寺僧正観賢、延喜（醍醐天皇）の勅旨を奉じ、（弘法）大師の御廟に詣す。大師の御髪を剃り奉り給ふ時、此の内供も相ひ伴ひ、御衣《おんぞ》に触れ給ふ。御香《おんか》手に留まり、餘香《よか》尚《な》ほ散ぜ不《ず》して、聖教に染《し》む。今于《に》当寺（に）現在（す）云々

淳祐の学問は真言宗小野流の系統に属し、その血脈《けちみゃく》（学問の継承関係）は、

　聖宝―観賢―淳祐―元杲―仁海

と前後に平安時代を代表する真言宗の名僧が続くが、宗派を越えて天台宗の学僧とも広く交流していたことは『石山寺縁起絵巻』などいろいろな史料にうかがうことができる。淳祐は多数の著作を残し、『石山要

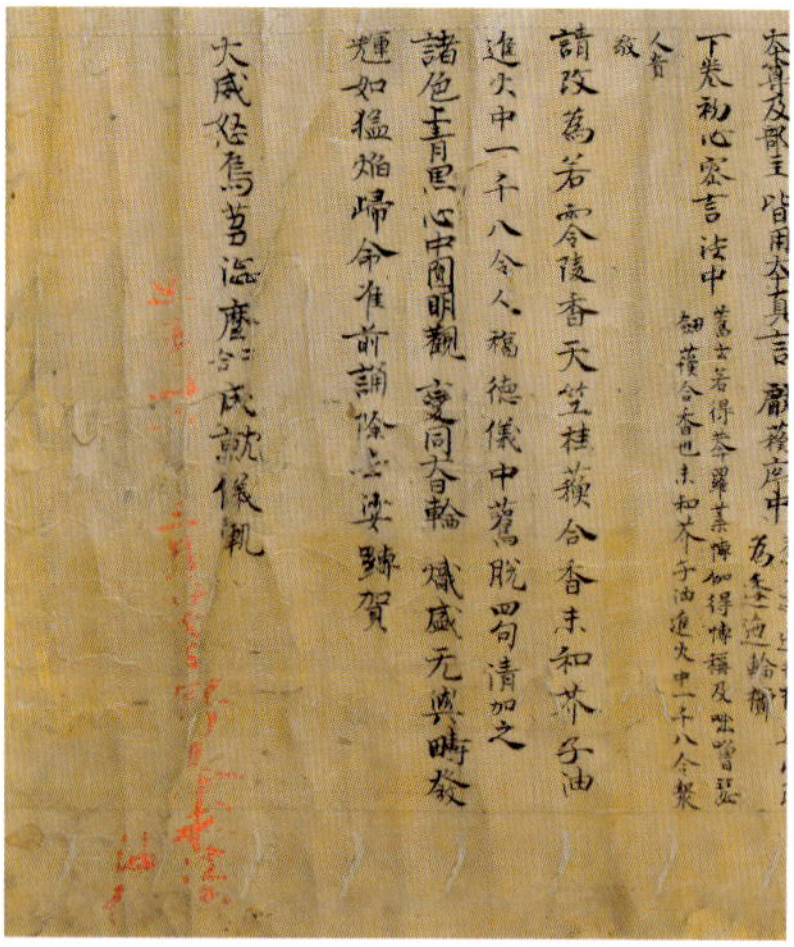

図１　延喜21年淳祐筆『大威怒烏蒭渋麼成就儀軌』一巻（薫聖教12号）巻尾奥書

「延喜廿一年三月廿七日寫之求法沙門／淳祐」とあり、薫聖教では最も古い年紀を持つものである。「求法沙門」と名乗り、学問に傾注した淳祐の姿勢がよくうかがえる（強調処理済み）。

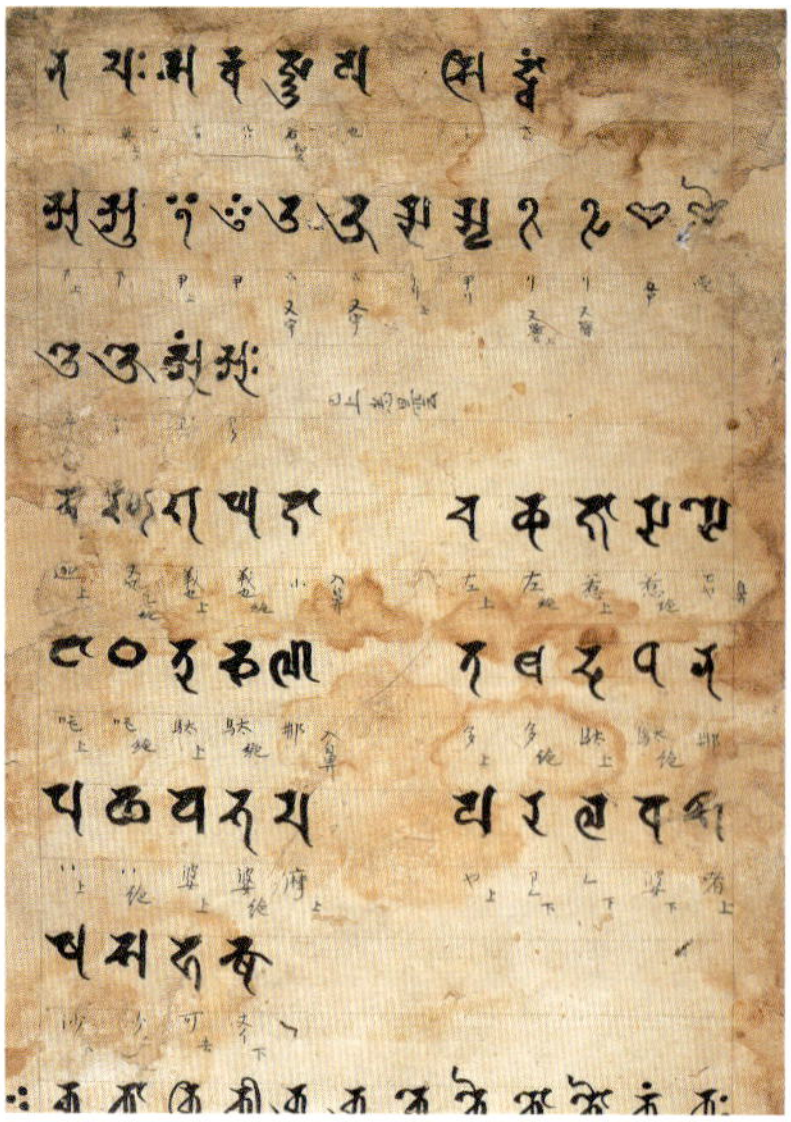

図３　平安時代中期淳祐作・同筆『悉曇十二章』一巻（新出薫聖教）巻首

淳祐自作自筆の悉曇章（梵字の一覧表）で、平安中期につくられたものとしては唯一のもの。淳祐の悉曇学の造詣の深さがうかがわれるものとして重要な資料である。

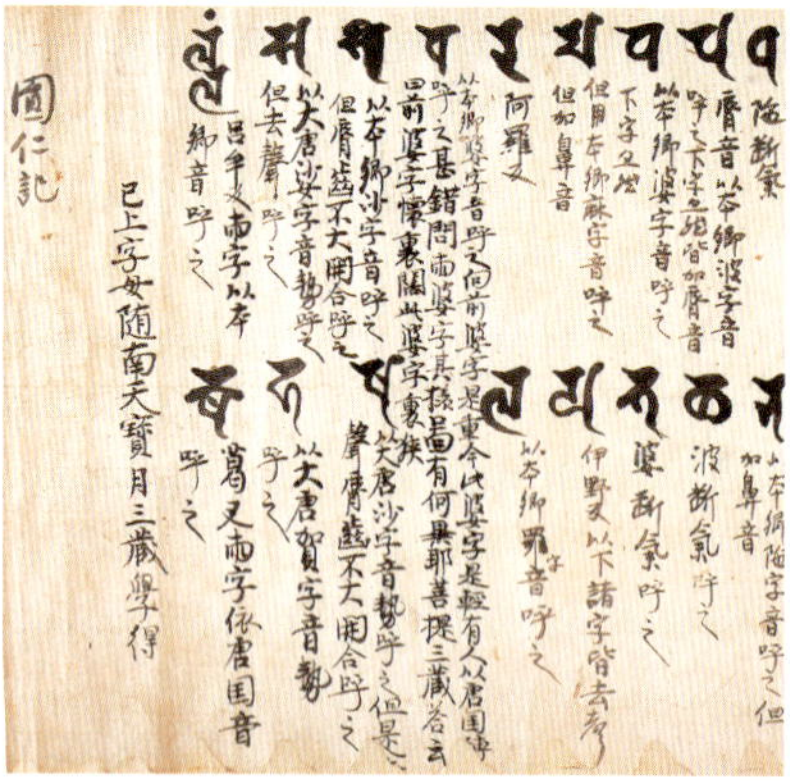

図２　平安時代中期淳祐筆『悉曇字母』一巻（薫聖教第15号）巻尾

慈覚大師円仁が中国で梵字の発音を学習して記録した『在唐記』を写したもの。日本語の発音との比較がなされており国語史の資料として重要な資料である。

記』第三所収の「石山内供淳祐撰作目録」によれば六一部一一七巻という多数の著作名があげられている。平安中期を代表する密教学・悉曇《しったん》学（古代サンスクリット語、すなわち梵語《ぼんご》の発音の学問）の大家として知られ、その代表的な著作である『集記胎蔵次第』一〇巻は天台宗の悉曇学者安然《あんねん》の『胎蔵大法対受記』を、また『悉曇集記』二巻は同じく安然の『東記《とうき》』『悉曇《しったん》蔵《ぞう》』を中心にその他広く典拠を集めて作成された高度な学問内容をそなえたものであった。

「薫聖教」として国宝一括指定の淳祐自筆本は第1号から62号まで六一巻一帖で、第42号が冊子本のほかは、全て巻子本《かんすぼん》（巻物）で同じ萌葱地雲紋緞子《もえぎじうんもんどんす》表紙に金銅軸の装丁が施されている。現在、漆塗り唐櫃《からびつ》に一括納められており、石山寺代々の座主によって鄭重に守られ、容易に他の披見は許されなかったという。唐櫃内には、別に鎌倉時代建武二年の写本を江戸時代に再度写した『普賢院御筆目録』一巻が添えられている。

この薫聖教は全体としては、密教の修法の大綱を記した儀軌《ぎき》類と梵字関係書類で占められている。最も古いものは「延喜廿一年三月廿七日」の奥書を持つ『大威怒烏芻渋麼成就儀軌《だいいぬうすじまじょうじゅぎき》（第12号）』（図1）である。『シッタン字母（第15号）』（図2）『人々梵字（第35号）』などは特に重要な梵字関係書で、国語史や悉曇学の基本書として古くから研究者によってとりあげられてきたものである。

近時、先の薫聖教と全く同体裁の『悉曇十二章』（図3）、その他『大師文章』など一三巻が、故先代座主鷲尾隆輝猊下《げいか》の机辺より発見され、国宝に追加指定された。おそらく故猊下が机辺に置き淳祐内供の遺徳を偲びつつ研学に使用なさっていたのであろう。

『一切経』とそれを護持した僧たち

『一切経《いっさいきょう》』とは『大蔵経《だいぞうきょう》』とも呼称され、仏陀の教えを説いた経《きょう》、僧侶の守るべき決まりを示した律《りつ》、仏教の教義を論じた論《ろん》、を主体とした仏教関係書籍のコレクションである。仏教の伝播した国々では、古くからこの一切経を寺院の経蔵にそなえ信仰の対象や研学の糧《かて》とした。唐の開元一八年（七三〇）に唐都長安崇福寺の智昇が『開元釈教録《かいげんしゃっきょうろく》』を撰述し、そのなかで選定した五〇四八巻の経が一切経の範囲を示した最初

図４　石山寺経蔵に納められている現在の『一切経』の姿

のものとなった。その後、唐の貞元一六年（八〇〇）に皇帝の勅命により円照という僧によって撰述された『貞元新定釈教目録《じょうげんしんていしゃっきょうもくろく》』に定める五三九〇巻が権威を持つものとなり、日本の各寺に残っている一切経もこれによるものが多いといわれている。

「石山寺一切経」は一時期に成立したものではないが、第一箱より八〇箱の古経箱に納められた約四四〇〇帖と附属分として別箱に納められた約二〇〇巻、総計四六〇〇件にのぼる重要文化財指定の大聖教コレクションである。図４のような古経箱に納められている聖教は、後述するように、もとは巻子本であったものが、天明七年（一七八七）から寛政元年（一七八九）頃にかけて石山寺尊賢《そんけん》僧正が修補したさいに改装されて、木版朱刷雲龍文《しゅずりうんりゅうもん》表紙を付した折本装《おりほんそう》（扇子のように折りたたむかたちの本）に仕立られているものである。附属分はそのさいの改装から漏れたものや、後述の「校倉聖教《あぜくらしょうぎょう》」の連れも混在している。本一切経の本体は奈良時代から室町時代にいたる間の各種の本を取り合わせたものであるが、四〇〇帖弱の木版《もくはん》摺《す》りのお経も含まれている。巻首には、ほとんどのものに文亀二年（一五〇二）から天正七年（一五七九）の間に押されたと推定される「石山寺一切経」の黒印が押されており、一揃いのものであることを象徴する。

本一切経については『石山要記　第三聖教』に次のようにある。

一切経

当寺の経蔵を按《あん》ずるに、巻数凡そ五千余軸、古代書写の一切経なり。而して其の中に宸筆《しんぴつ》及び能書の臣下の筆相ひ交はる。経筥《きょうばこ》八十合に之《これ》を納む。此の巻数は専ら唐開元釈教目録の員数に依りて、一代蔵経之《の》巻数と定《さだ》む。往古より本朝は皆以って茲《か》くの如し。（以下省略）

この五〇〇〇軸（巻）八〇合（函）という数字は、現存の「石山寺一切経」とほとんど同じであるといってよい。なかに宸筆（天皇皇后の筆）や公卿の筆も交じっているとし、右の引用で省略した部分には具体的にその経名を列挙している。右で、「石山寺一切経」が、そして我が国の他の一切経が、規範としてきたと尊賢が指摘する『開元釈教（目）録』とは先に紹介した智昇撰の『開元釈教録』である。尊賢僧正が『開元釈教録』によったとする根拠はのちに述べる室町末期の石山寺僧空忍《くうにん》が作成した目録によったものである。『開元釈教録』の巻一九・二〇両巻に示されている「入蔵録」（即ち撰者智昇が住していた崇福寺の経蔵に実際に一代で書写して納め得た一切経の目録）には五〇四八巻があげられている。

さて、本一切経を時代別に概観すると、奈良時代の写経約二八〇、平安時代の写経約三四〇〇、院政時代の写経約二九〇〇、鎌倉時代の写経約八〇・版経約三七〇、南北朝時代の写経約五〇・版経約一〇、室町・桃山時代の写経約五八〇、総計約四六〇〇件（巻子本も一括）となっている。このように各時代別に見たとき、我々の注意を引くのはその書写時代の永きにわたることであり、また特に全体の三分の二にあたる院政期の写経の多さである。この背景に何があったのであろうか。

念西の一切経書写の発願と勧進

『雑阿含経《ぞうあごんきょう》巻第一』（四五函第51号）の巻末に図5のような念西《ねんさい》の奥書が残されている。読み下し文にすると次のようになろう。

仏子（念西）去る久安四年（一一四八）七月自《よ》り自他法界出離得道の為に、一代聖教書写の大願を発して後、或いは旧経を求めて修補を加え、或いは新写を企てて部秩《ぶちつ》と成す。其の内、今の経者《は》宇治白河別

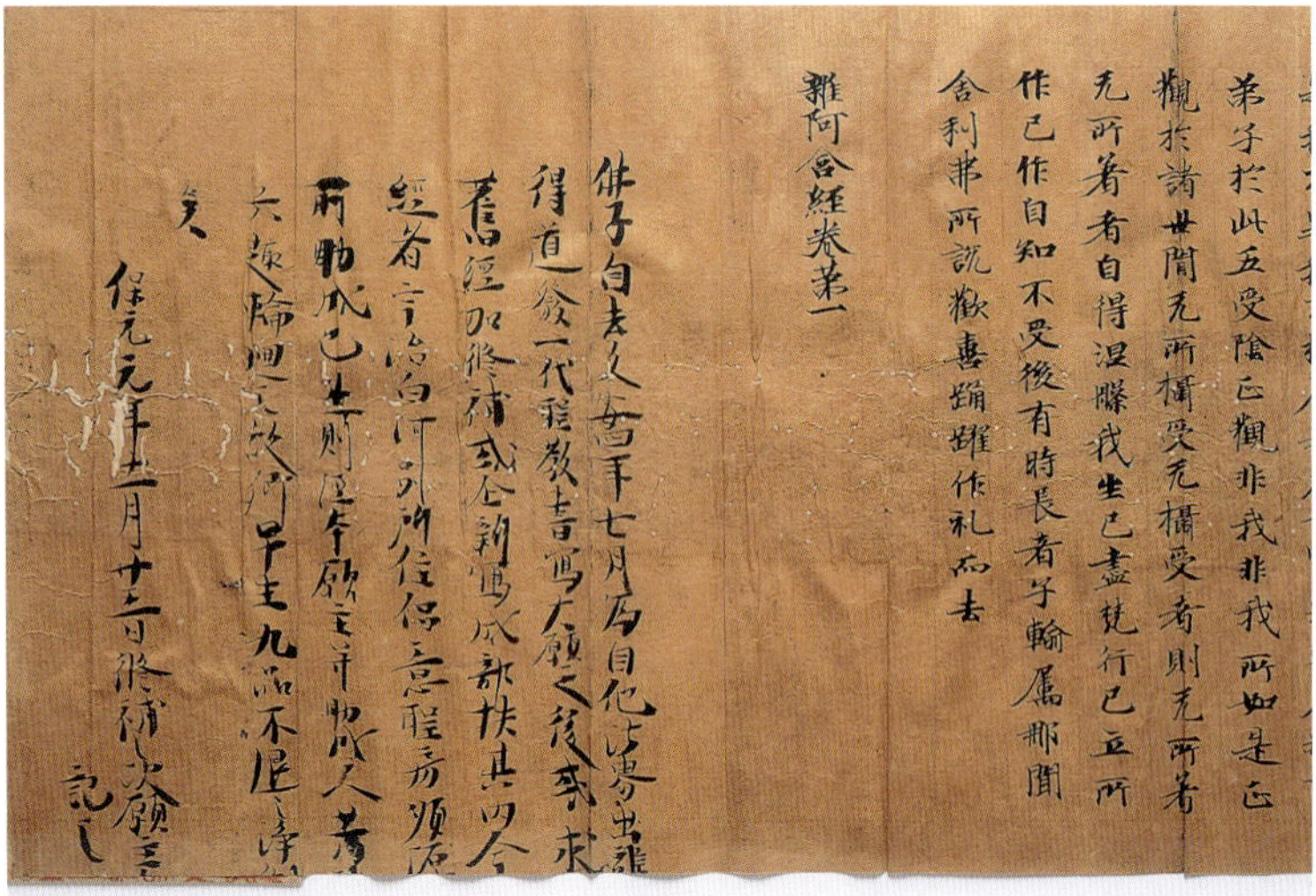
弟子於此五受陰正觀非我非我所如是正
觀於諸世間无所攝受无攝受者則无所著
无所著者自得涅槃我生已盡梵行已立所
作已作自知不受後有時長者子輸屢那聞
舎利弗所說歡喜踊躍作礼而去
雜阿含經巻第一
佛子白去久安四年七月爲自他出離
得道發一代聖教書寫大願之後或求
舊經加修補或令新寫成部秩其内今
經者亡洛白河別所住侶意聖房順源
矣
保元元年十一月十三日修補之次願主
記之

図５　奈良時代写『雑阿含経巻第一』一帖（一切経四五函51号）巻尾奥書
奈良朝写経の巻尾にある念西の奥書。保元の奥書の末尾が消えているが「念西」の文字があったと見られる。

所住侶意聖房順源の助成する所也《なり》。（以下省略）

右の奥書は、念西という僧侶が院政時代久安四年に一代聖教書写（他の奥書では「一切経論書写」「一切経律論書写」「一切経書写」とも）を発願し、古いお経を入手して修理を加えたり、自らも書写して部秩の体裁を順次整えていった（「部秩」とは中国の一切経の纏《まと》め方で、先の『開元釈教録』では一〇七六部・四八〇秩・五〇四八巻としている）。この経（即ち『雑阿含経巻第一』）は白河別所に住む意聖房順源が援助してくれたものである、というものである。この奥書のある『雑阿含経巻第一』は奈良時代の写経であるから、順源の援助は古いお経の寄附ということであったことになる。

右のような念西による同様の奥書は他本にも数多く見える。そしてそれらを総合していくと、現在の石山寺一切経は念西が久安四年に発願し勧進したものが基盤になったものであることになる。

自らも書写し、また他人の書写の援助も受け、さらには古い写経の寄進も受けつつ『一切経』の体裁を順次整えようとしたものであった。奈良時代や平安時代のお経は、勿論それ以前の石山寺開基の時代以後から石山寺に所蔵されていたものも含まれていたことは疑いないであろうが、この時期に念西の発願と勧進に応じた人びとの寄進になったものが相当に多かったと考えられてくる。

ところで、この念西の発願し完成させようとした『一切経』は、尊賢僧正が述べている『開元釈教録』によるものであったのだろうか、はたまた、その他の一切経目録であったのだろうか。今日の研究では、我が国に残されている『一切経』は、先の勅定の『貞元新定釈教目録』によるものが多いといわれている。それによれば、念西の『一切経』は『貞元新定釈教目録』によったものであった可能性も残るが、これについてはのちにもう一度触れることになる。

なお念西については、『石山寺僧宝伝』などの寺誌にも記載がなく、経歴をつまびらかにしない。石山寺に関係の深い僧であったことは疑いなく、真言宗小野流に属する僧であった可能性が高い。『一切経』のなかで念西の奥書のあるものをさぐると、院政時代の既述久安四年（一一四八）から始まり保元二年（一一五七）を最後とする。このころ念西は没したと推定されるが、奥書の年号としてはその後の平治・永暦・長寛……と続いて見られるところから、念西の発願はその没後にもなお継承されていったことになる。

朗澄の継承

さて、その念西の発願を受け継いだと思われる院政期の僧侶が石山寺阿闍梨《あじゃり》文泉房《ぶんせんぼう》朗澄《ろうちょう》（朗寵とも）という僧であった。朗澄は保安三年（一一二二）に生まれ、阿闍梨から律師に昇り、その房の名を取って文泉房と号され、承元三年（一二〇九）五月一四日七八歳で没した。幼いときに石山寺に入って学問に励み、慶雅《きょうが》・淳寛《じゅんかん》・勝賢《しょうけん》など当時を代表する高僧と交流を結び、師の石山寺観祐《かんゆう》阿闍梨から密教の奥義を伝受した。治承二年（一一七八）に石山寺阿闍梨に任じられ、このころ以後本格的な一切経勧進にかかわっていったと思われる。

『陀《だ》羅《ら》尼《に》雑集《ざっしゅう》巻第一』（七四函第1号）の表紙の裏にある「朗澄、数百巻を書写し奉れる内也」との書き入れによって、念西の事業を引き継いだ時点でなお数百巻の欠落があり、それを補っていったことがこれよってわかる。なお、朗澄によるこの一切経書写事業には、師の観祐を始め慶雅・経雅・実祐などの僧が加わり、院政末期の文治末年（一一九〇）頃には完成したと推定される。朗澄の『大智度論巻三』（三六函第3号／図6）の奥書と、朗澄による『仏説《ぶっせつ》太子《たいし》須陀拏経《すだどきょう》』（二七函第14号／図7）の補写の例を示しておく。

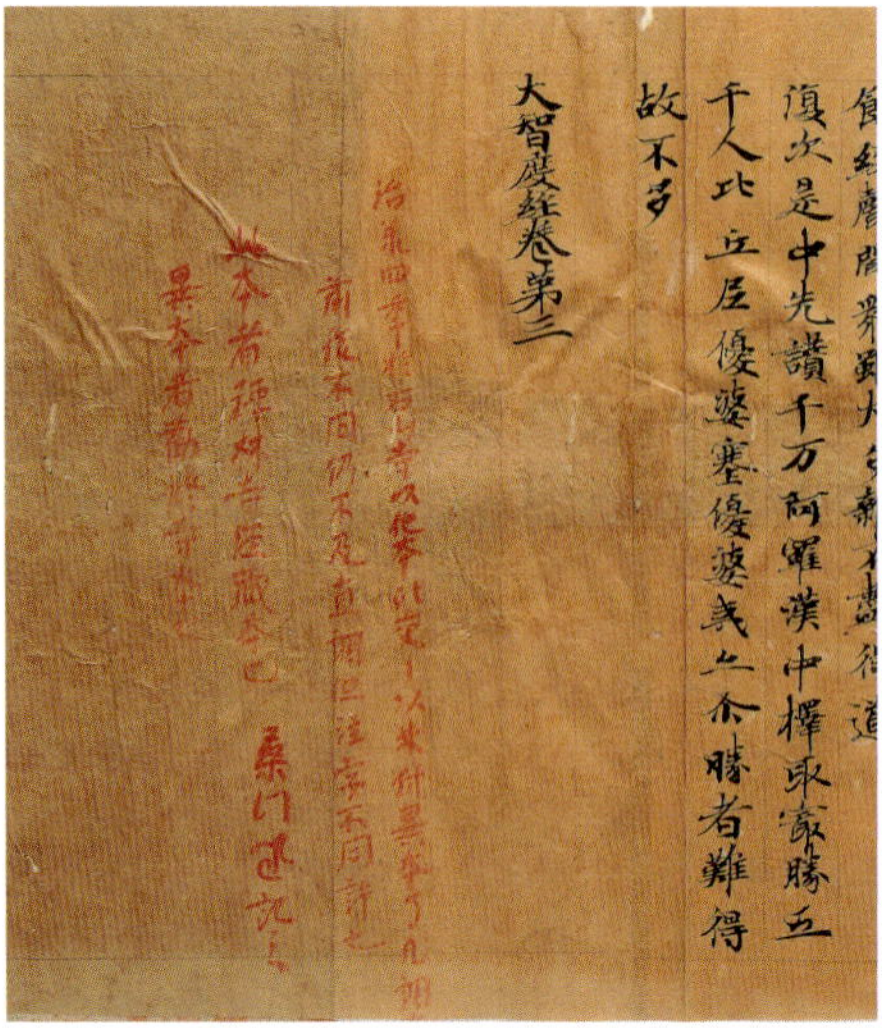

図6　奈良時代写『大智度論巻三』一帖（一切経三六函3号）巻尾朗澄朱書奥書
もと禅林寺に所蔵されていた天平時代の写本に勧修寺の本で治承四年に朱筆で校正を加えたという朗澄の奥書である。

現一切経の三分の二が院政期のもので占められる背景には以上のような念西・朗澄の大々的な一切経書写発願と勧進《かんじん》の営みがあったのである。既述したようにそれより古い奈良・平安時代の写経類も、彼らの勧進によって集められたものが多かったと考えられる。

現『一切経』のなかには、その後の鎌倉・南北朝時代の写経や版経（木版の本）が、それほど高い比率ではないが混在している。このことは、その後にも破損錯乱を蒙り、随時それらが補われていったことを物語る。この時期のお経で注目されるのは版経の占める割合が高いという点である。中でも注目されるのは春日版《かすがばん》と称される鎌倉～室町初期に興福寺を中心に大々的に出版された版経の『大般若波羅蜜多経《だいはんにゃはらみったきょう》』である。現『一切経』のなかの大般若波羅蜜多経一具六〇〇巻は平安時代以後の各種の本を取り合わせたものであるが、そのうち約三七〇巻がこの春日版で補われたものである。

禅忍と空忍の補写

室町時代に入ってからは、文安（一四四四～）から宝徳（～一四五二）にかけての能賢《のうけん》などによる補写事業、明応（一四九二～）から文亀（～一五〇四）にかけての東寺の僧であった禅忍律師《ぜんにんりっし》を願主とした補写事業が行われている。この時期の補写や校正には中国宋・元時代の版本（当時は唐本《とうほん》・唐摺本《とうしょうほん》とも呼ばれた）や高麗版《こうらいばん》が利用されていた点に特色がある。奥書中にしばしば「東福（禅）寺唐本」「妙高（禅）寺唐本」「建仁寺唐本」などの名が見える。『宝雲経巻第一』（二四函第1号）の奥書には妙高禅寺本に欠けていたので醍醐寺本によって書写したとする奥書があり、その巻首には醍醐寺宋版一切経にある東禅寺版の刊記と全く同じものが書写されているので、醍醐寺宋版一切経なども利用されていたことがわかる。

この禅忍律師の事業に石山寺の僧として協力し、さらにその没後を勧進僧として引き継いだのが空忍《くうにん》律師

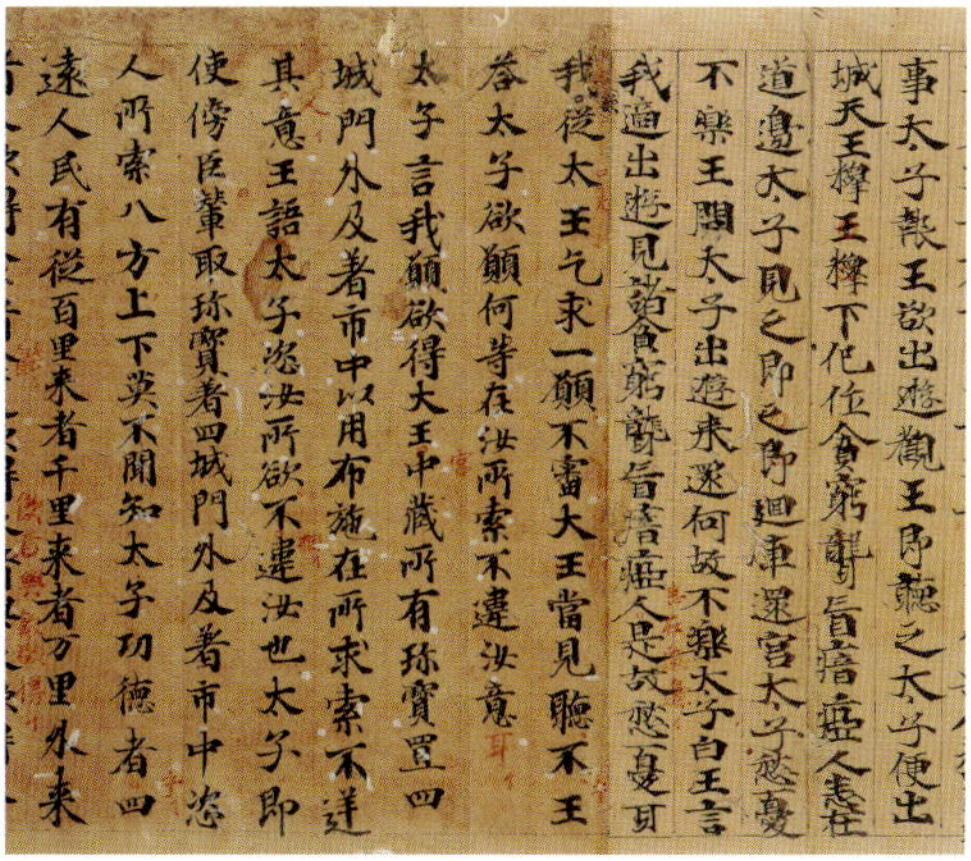
事太子報王欲出遊觀王即聽之太子便出
城天王釋王釋下化作貧窮聾盲瘖瘂人
道邊太子見之即迴車還宮太子愁憂
不樂王聞太子出遊來還何故不樂太子白王言
我適出遊見諸貧窮聾盲瘖瘂人是故愁憂耳
我從大王乞求一願不當大王當見聽不王
答太子欲願何等在汝所索不違汝意
太子言我願欲得大王中藏所有珍寶置四
城門外及著市中以用布施在所求索不違
其意王語太子恣汝所欲不違汝也太子即
使傍臣輦取珍寶著四城門外及著市中恣
人所索八方上下莫不聞知太子功德者四
遠人民有從百里來者千里來者万里來

図7　平安時代初期写『仏説太子須陀拏経』一帖（一切経二七函14号）の朗澄補写部

平安時代初期天暦頃の写経の巻首部が破損していたものを朗澄が補写したもの。朗澄独特の字体で補写した類品がほかにも見られる。補写部以外には平安時代天暦頃の白点によって読み方が詳細に加えられている。

である。この禅忍・空忍両律師の事業に協力した者は広く僧俗にわたり、なかには『大方広宝篋経《だいほうこうほうこうきょう》 巻上』（二四函第51号／図8）のように文人政治家として有名な三条西実隆の写経も含まれている。

空忍律師の事業については『石山要紀　第三聖教』に

天文《（ママ）》・永正《（ママ）》之《（の）》頃に至り、一切経錯乱不足す。之《（これ）》に依りて、勧進沙門空忍律師、力を励まし修補を加へたり。入蔵目録二巻、闕録《けつろく》一巻之《これ》有り。

とある。ここにみえる「入蔵目録」（石山寺一切経として経蔵に納められていたお経の目録）と「闕録」（欠けていたお経の目録）は、その時の総巻数と経題とを記したもので内容が知りたいところであるが、現存の石山寺聖教中には残念ながら見出し得ていない。ただしこのことについては、『阿差末菩薩経《あさまつぼさつきょう》巻第一』（一七函16号）の奥書に次のような空忍の重要な記述がある。

五千四十八巻の内、闕分《けつぶん》二百六十巻也。当国甲賀郡妙高寺の唐本を備へて且《かつ》つ書写し奉る。

一切経全五〇四八巻のうち二六〇巻が欠けているので妙高（禅）寺の唐本（既述した中国の版本）を借り出して書写し、順番に欠落した部分を補ったというのである。この「闕分」が多分先の「闕録」に相当す

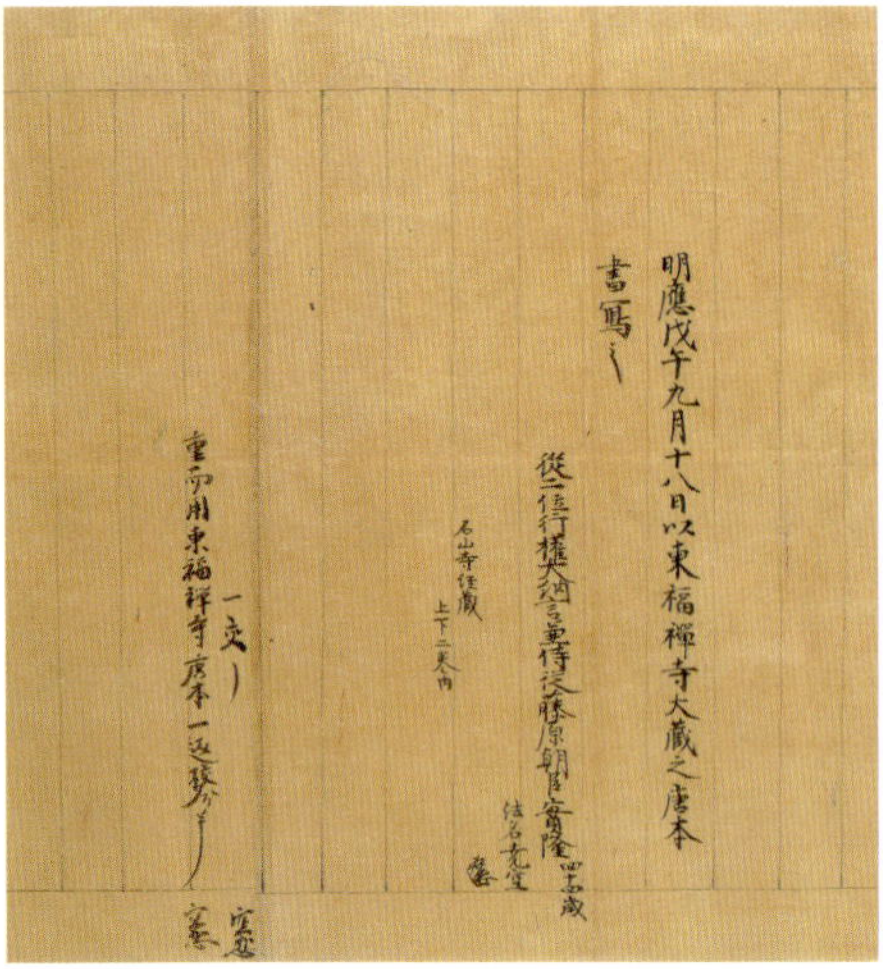

図8　室町時代三条西実隆筆『大方広宝篋経巻上』一帖（一切経二四函51号）巻尾奥書部

三条西実隆が石山寺の一切経書写に協力していたことを知ることのできる貴重な資料である。また、室町時代の写経に東福寺の宋版一切経が手本にされ利用されていたことがわかる。

るものであろうが、「五千四十八巻」という数字は、先に示したように『開元釈教録』の入蔵目録であり、この記述によって、少なくとも室町末期に空忍がめざした「石山寺一切経」が『開元釈教録』であったことが確認できたことになる。右の記述によれば、それに欠けていた二六〇巻が補写されたことになり、『開元釈教録』にもとづく「石山寺一切経」がこの時期に完成し、現在の「石山寺一切経」の原形がなっていたことになる。

尊賢の整備

さらに、江戸時代に入って大々的な一切経の整備が行われた。即ち、これまで旧来の巻子本の体裁で伝えられてきた「石山寺一切経」が、その補修事業に携わった石山寺尊賢によって全て、閲覧に容易な現装の折本に改装されたのである。その改装は、尊賢の筆で書き残されている補修のさいの奥書によって天明七年（一七八七）から始まり寛政年間（～一八〇一）には終了したものと見られる。『大般若波羅蜜多経巻第一』（一函第1号）の奥書には次のようにある。

天明七歳十月、当寺蔵経朽損《くそん》せ令《し》めたる間、明王院に於いて修復を加え訖《おは》んぬ。但し蔵本は巻経也。今、便宜に依りて折本と為《な》す者也。浄侶等、一心に興隆之微誠を励まし、手自《てづか》ら修補し奉る者也。権僧正尊賢記す

尊賢（一七四九～一八二九）は、宝暦一〇年（一七六〇）一二歳の時に石山寺で得度《とくど》、権律師《ごんのりつし》、権僧正を経て、寛政九年（一七九五）に僧正となった。この間、石山寺の運営に力を尽くし一山の什宝《じゅうほう》の整備を行い、『石山要紀』『石山僧宝伝』『石山年代記録』『石山座主伝記』など数々の著作を残している。これらの著作は今日石山寺を語る時の必須の史料となっている。「石山寺一切経」の折本への改装を主とする整備事業は、その尊賢の石山寺全体の護持作業の一環であったのである。

石山寺一切経の歴史の背景に、実は以上のような石山寺に関係した念西《ねんさい》・朗澄《ろうちょう》をはじめとする僧侶たちの永い間にわたるその完成と護持への情熱と格闘の歴史が存在したのであった。

なお、本節の最後に、右の解説中にふれることができなかったその他の重要な聖教について簡単にふれておく。石山寺一切経は奈良時代写経を多数含んでいる点でもよく知られている。代表的なものとして若干の経名をあげれば、『大方広仏華厳経』七八帖（一九〜二〇函）、『大智度論』四〇帖（三六函）、『成唯識論《じょうゆいしきろん》』一〇帖（四三函／図9）、『瑜伽師地論《ゆがしじろん》』四一帖（三九函）などがある。平安時代の写経は初期から後期にわたって約三四〇帖ほどで、主要なものとして平安初期の『説無垢称経《せつむくしょうきょう》』六帖（第二二函）、『大般涅槃経《だいはつねはんぎょう》』一七帖（第二一函）、『沙彌威儀経《しゃみいぎきょう》』（五七函43号／図10）などがあり、その他著名なものとして『大唐西域記』（七八函22〜29号／図11）、『大般若経字抄』（附183号）などがある。

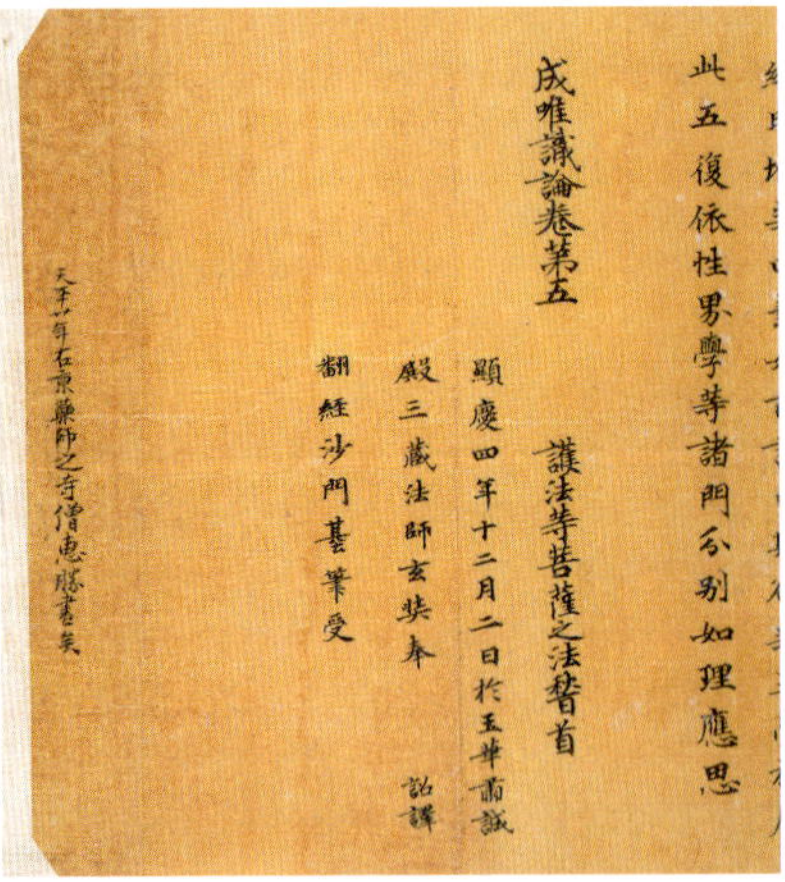

図9　奈良時代写『成唯識論巻第五』一帖（一切経四三函32号）巻尾奥書部

天平20年に書写された一具10巻が揃って伝えられている。巻第一の末尾には平安時代寛仁4年の白書の奥書があり、全10巻にわたって白点の訓点が加えられており国語資料としても重要である。

（附）重書類

以上の、国宝一括指定の「薫聖教」、重要文化財一括指定の「一切経」とは別に、個別的に国宝・重要文化財として指定されたものがあり、これを「重書類」と命名している。都合二二件あり、早くから超一級史料として学界での注目を集めてきたものである。代表的なものをあげると、漢籍（仏典を除く古代中国語で書かれた書籍）として『漢書皇帝紀下』（重書5―1

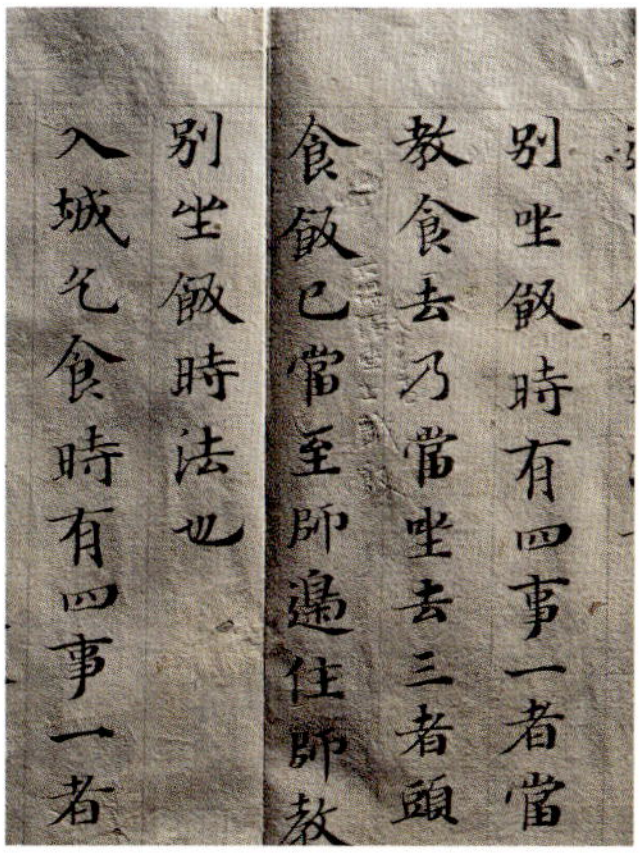

図10　平安時代中期写『沙彌威儀経』一帖（一切経五七函43号）巻途中

巻首から途中まで平安中期と推定される角筆（竹や象牙などの先を細くしたもので紙をへこませて文字や符号を加える筆記用具）による訓点が加えられている珍しい資料である。

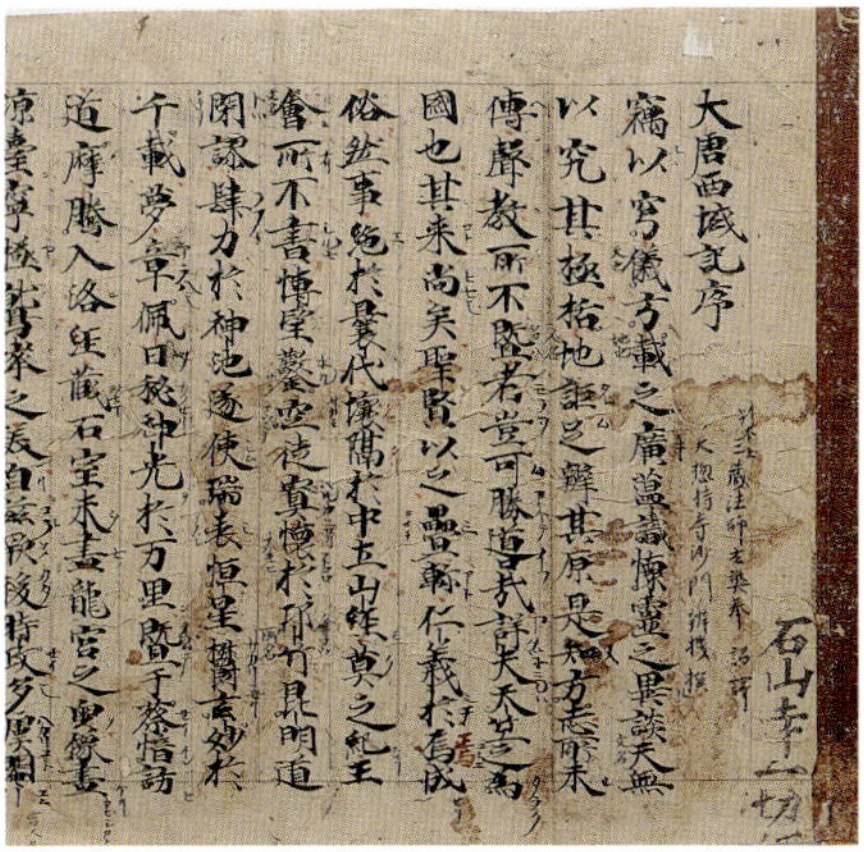

図11　院政期写『大唐西域記巻第一巻』一帖（一切経七八函22号）巻首

大唐西域記全12巻のうち、一～八巻が院政期の写本で、そのうちの第一巻である。長寛元年（1163）に他本から写した詳細な訓点が加えられており、古くから国語資料として著名なものである。

／図12）『漢書列伝第四残巻』（重書5―2）『史記巻九十六・九十七残巻』（重書6）『玉篇《ぎょくへん》巻第二十七』（重書4／図13）『春秋経伝集解巻第二十六残巻・二十九残巻』（重書15・16）、古文書類として『延暦交替式』（重書1／図14）『越中国官倉納穀交替記残巻』（重書2）『周防国玖珂郡玖珂郷延喜八年戸籍残巻』（重書3）『建久年中検田帳』（重書10）、僧伝類として『行歴抄円珍記』（重書9／図15）『叡山大師伝』（重書11）『智證大師伝』（重書22）『不空三蔵表制集巻三』（重書13）、仏書関係では『大般若経音義中』（重書14／図16）が注目され、国書関係では『本朝文粋巻第六』（重書19）なども注目に値する。

　これらのなかで、漢籍および古文書類の紙背には聖教の本文が書写されている。

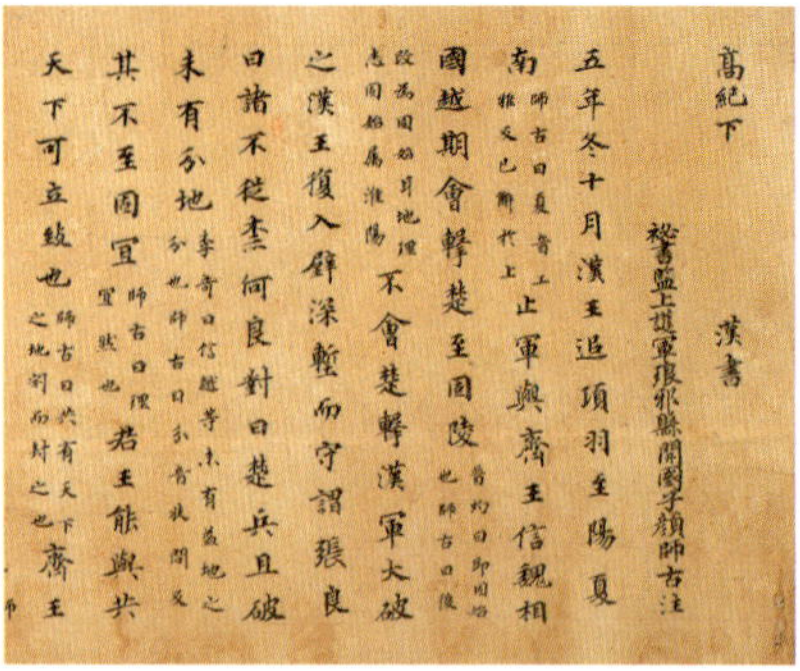

図12　奈良時代写・国宝『漢書皇帝紀下』一巻（重書五–1）巻首

後ろの部分が欠損しているが、漢書の写本としては極めて古いものの一つである。全巻に平安時代中期の朱筆と角筆による訓点が加えられており、わが国の漢籍の訓読法を知る資料としても貴重なものである。

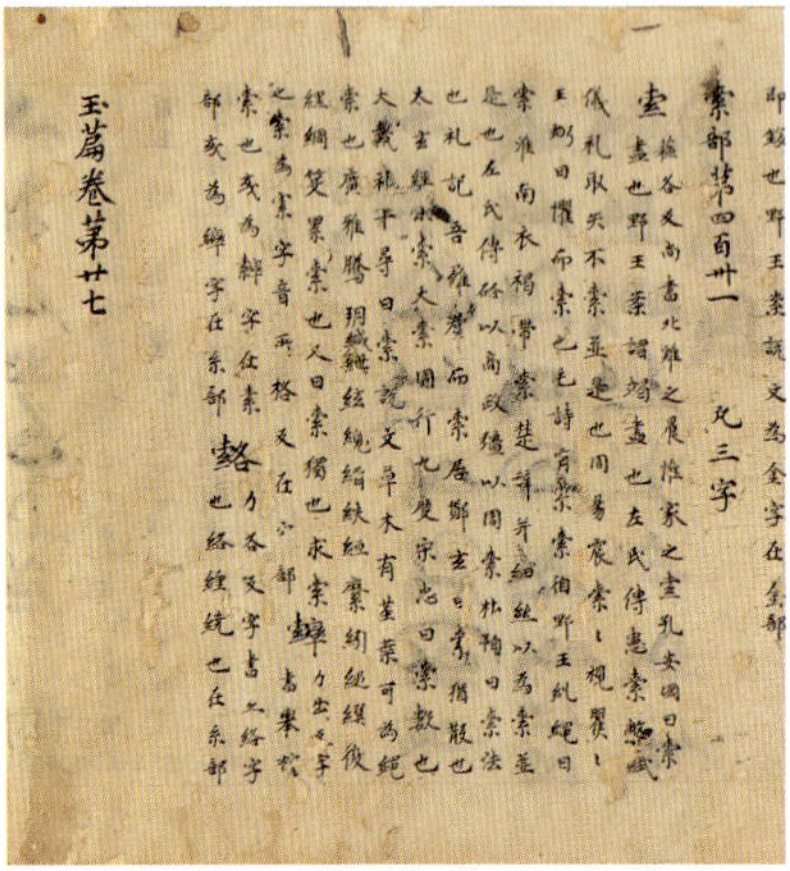

図13　中国唐時代写・国宝『玉篇』一巻（重書4）巻尾

『玉篇』は中国の梁の時代につくられた部首分類の辞書であるが、中国本土では早く失なわれて、原本の姿をとどめるものはこの石山寺所蔵本のほかわずかしか残っていない貴重な写本である。

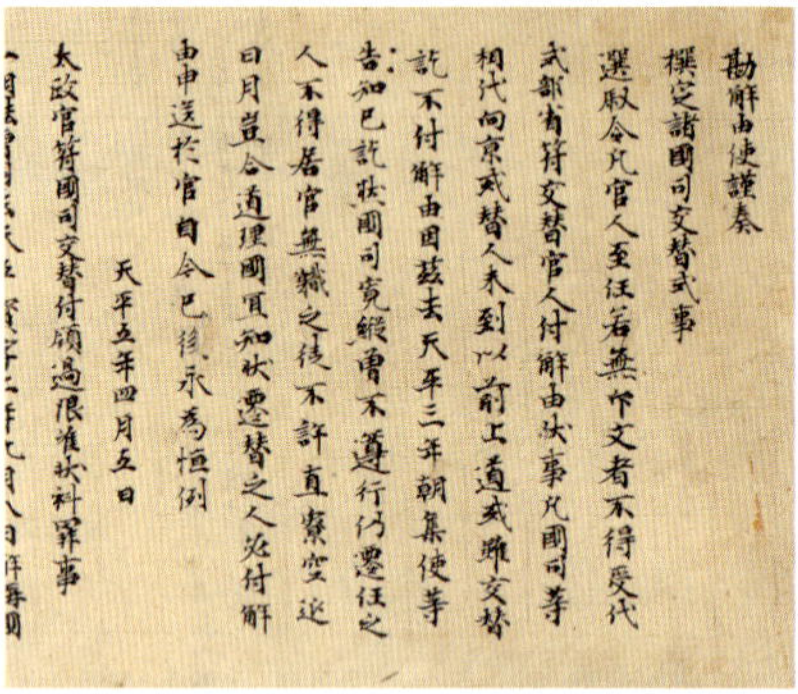

図14　平安初期写・国宝『延暦交替式』一巻（重書1）巻首

交替式とは、国司の交替に関する規則を定めたもので、本書の題には「撰定諸国司交替式事」とあるが、、貞観交替式・延喜交替式と並んで「延暦交替式」と通称され、その最古の貴重な写本である。

この紙背に書写されたものについてはのちにとりあげる。

以上の「薫聖教」『一切経』および「重書類」については、その詳しい書誌的目録と解説が末尾に付した『石山寺の研究　一切経篇』として出版されている。

校倉聖教と深密蔵聖教

校倉聖教

「校倉聖教《あぜくらしょうぎょう》」というのは江戸時代明暦元年（一六五五）につくられた古経函三〇函に納められて伝承された聖教群である。もと、石山寺境内にある鎌倉時代建立の校倉経蔵に前記『一切経』とともに納められていた。石山寺文化財綜合調査にさいし、その所蔵場所にちなんで「校倉聖教」と命名された（経蔵は第四章一〇二頁参照）。

現存の「校倉聖教」に納められている聖教を概観すると、時代的

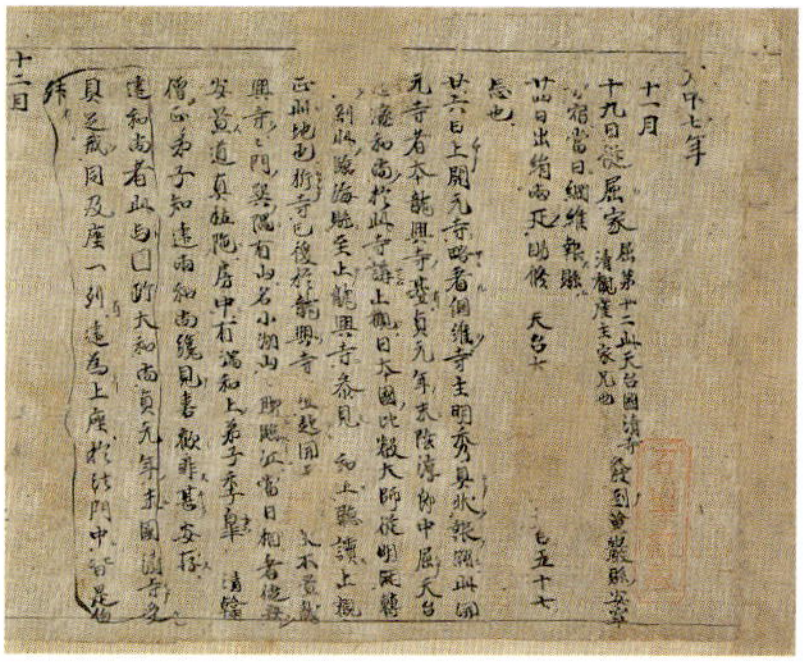

図15　鎌倉時代初期朗澄筆『行歴抄円珍記』一巻（重書９）巻首

天台宗の智證大師円珍の入唐記録である。円珍自筆の『行歴記』はすでに滅んで残っていないが、その抜き書き本が天台宗に伝えられ、それを石山寺の朗澄が鎌倉時代初期に写した稀覯本である。

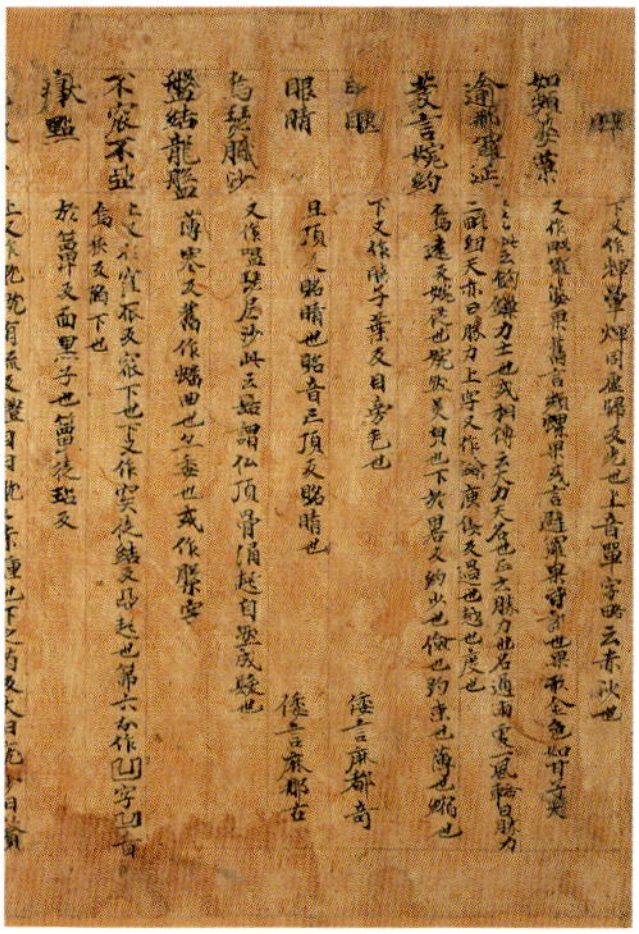

図16　奈良時代写『大般若経音義中』一巻（重書14）巻首

前半部を欠いているがもと上中下の３巻からなる中巻の後半部である。撰者は未詳であるが奈良元興寺の学僧として著名な信行（しんぎょう）と推定されている。『大般若経』の注釈書で、なかに万葉仮名の和訓が含まれ古くから国語資料として注目されてきた資料である。

には平安時代約一四〇〇件で全体の七七%、鎌倉時代約三〇〇件で同一八%となり、この両時代のものでほとんどが占められている。平安時代のなかでも院政期のものが一二四〇件で六七%を占め、この様相は実は先の『一切経』の時代別構成と全く重なっているのである。さらにこの院政期の書写者について見ると、朗澄を中心に、そのほかに観祐・慶雅・経雅・実祐などがあり、先の『一切経』の補写にかかわった人びとと共通する。そして、現に「石山寺一切経」の黒印が押されたものもここに混入して伝えられている。

　ところで、この「校倉聖教」に納められている聖教の種類について見たときに注目されるのは、その多くが密教の「事相」に関係するものであるということである。事相とは、密教で仏教の教義の面を「教相」というのに対して、修法の行儀作法の面をいう。そこで注目されるのが、『石山要紀　第三聖教』の次のような記述である。

　　事相《じそう》聖教
　聖　教筥《しょうぎょうばこ》三十合、此の中、大師請来録の経軌《きょうき》は、空忍法師修理之《の》時、新写し闕《けつ》を補ひて全備せ令むるもの也、此の事相の聖教の経軌・諸尊次第等は、延喜・天暦の時代自《よ》り始まり、建久・承元の頃に至る。其の間に古徳等の写し伝持する所の聖教也。当寺青龍院の助阿闍梨《すけあじゃり》観祐《かんゆう》、文泉房律師朗澄の自筆最も多し。（中略）。石山寺経蔵本と者《は》、所謂《いはゆる》此の聖教也。此の中に多く内供淳祐所伝の次第等、現に之《これ》を存するが故に、尤も證本也《しょうほんなり》と為可《すべ》し。一宗之秘蔵、万世之規範たる歟《か》。

即ち、現存の「校倉聖教」の内容は、右に尊賢が要約している「事相聖教」の内容とまさにかなっており、おそらくこれに該当するものと見てよいであろう。

　そして、この聖教群には、室町時代に「教相」の主軸となる一切経を補充した空忍も関与していたらしく、

『造塔延命功徳経《ぞうとうえんみょうくどくきょう》』（三函4号）には「明応第五天、文泉坊密宗文庫《ぶんせんぼうみっしゅうぶんこ》之本を以って之《これ》を書す　空忍」の奥書があり、この奥書でいう「文泉坊密宗文庫」が即ちこの「校倉聖教」の本体となったものであったと推定することができる。

　この「校倉聖教」にも平安初期の寛平・延喜・天暦等々の年号を持つものがかなり含まれており、特に事相の根本となる儀軌《ぎき》類（密教の金剛界法・胎蔵界法などの修法を行うさいの儀式法則を示した書）に貴重なものが含まれ、訓点を加えたものも多く平安時代の国語資料として貴重である。『胎蔵界儀軌（大毘盧遮那《だいびるしゃな》成仏成就儀軌《じょうぶつじょうじゅぎき》）』（九函第6号／図17）『金剛界儀軌（金剛頂蓮花部心念誦儀軌《こんごうちょうれんげぶしんねんじゅぎき》）』（一二函7号／図18）な

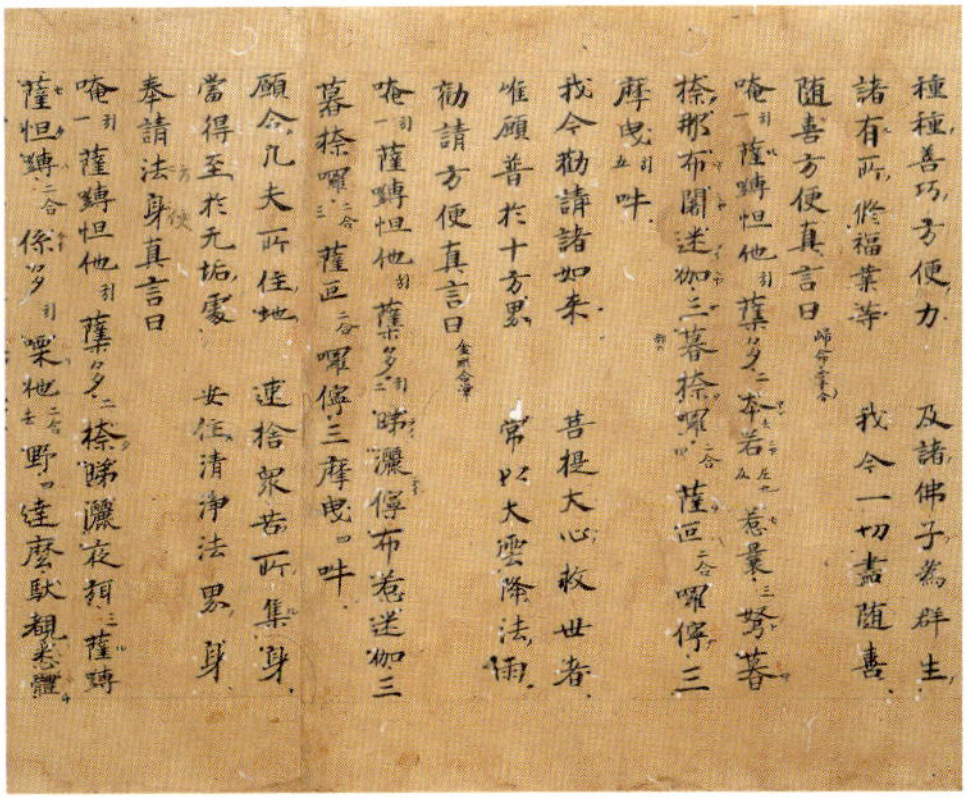

図17　平安時代後期写『大毘盧遮那成仏成就儀軌巻上』一巻（校倉九函６号）巻途中
上下二巻のうちの上巻の一部。永承５年・同７年・久安４年の奥書があり、全巻に朱・白・墨・緑青による訓点が詳細に加えられている。

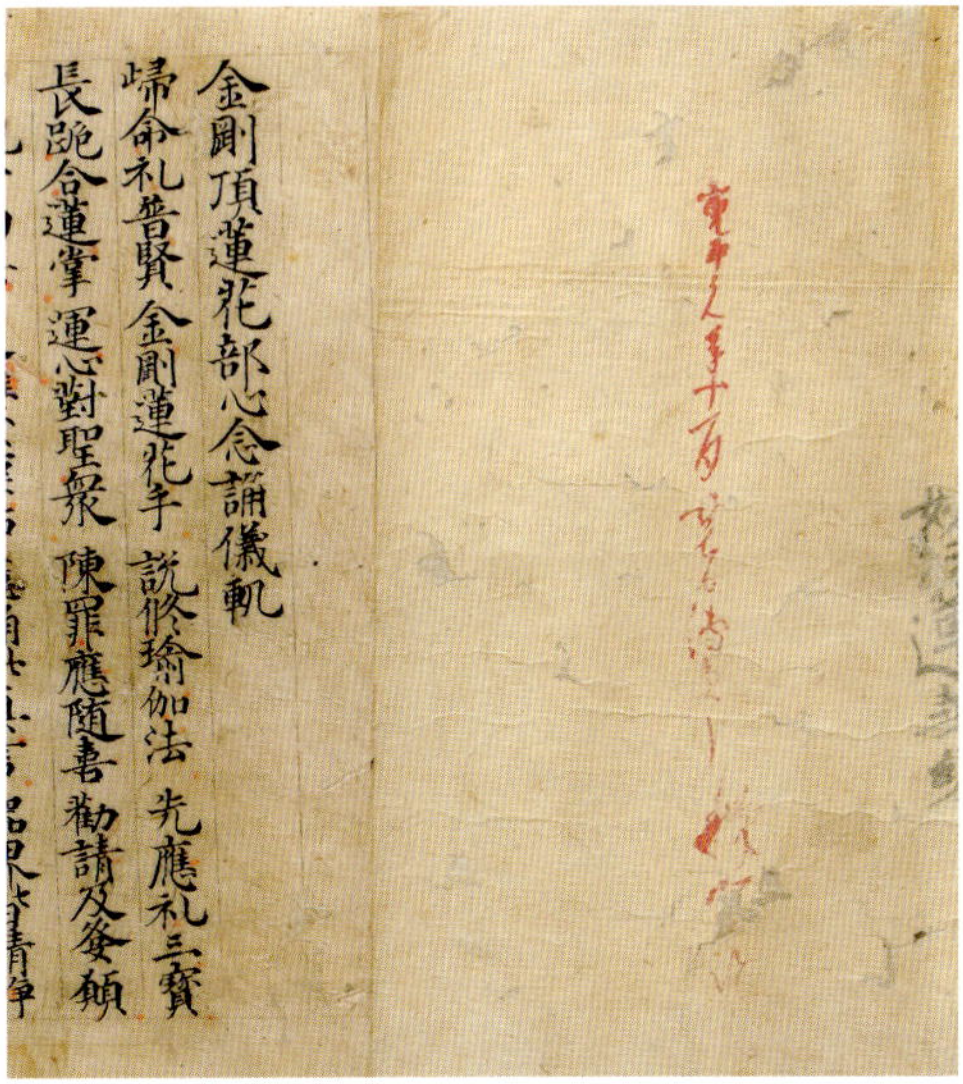

図18　平安時代初期写『金剛頂蓮花部心念誦儀軌』一巻（校倉一二函７号）巻首
表紙の裏に小さく「寛平元年十一月廿七日伝受了」云々の識語があり、儀軌の訓点資料としては一番古い貴重な資料である（強調処理済み）。

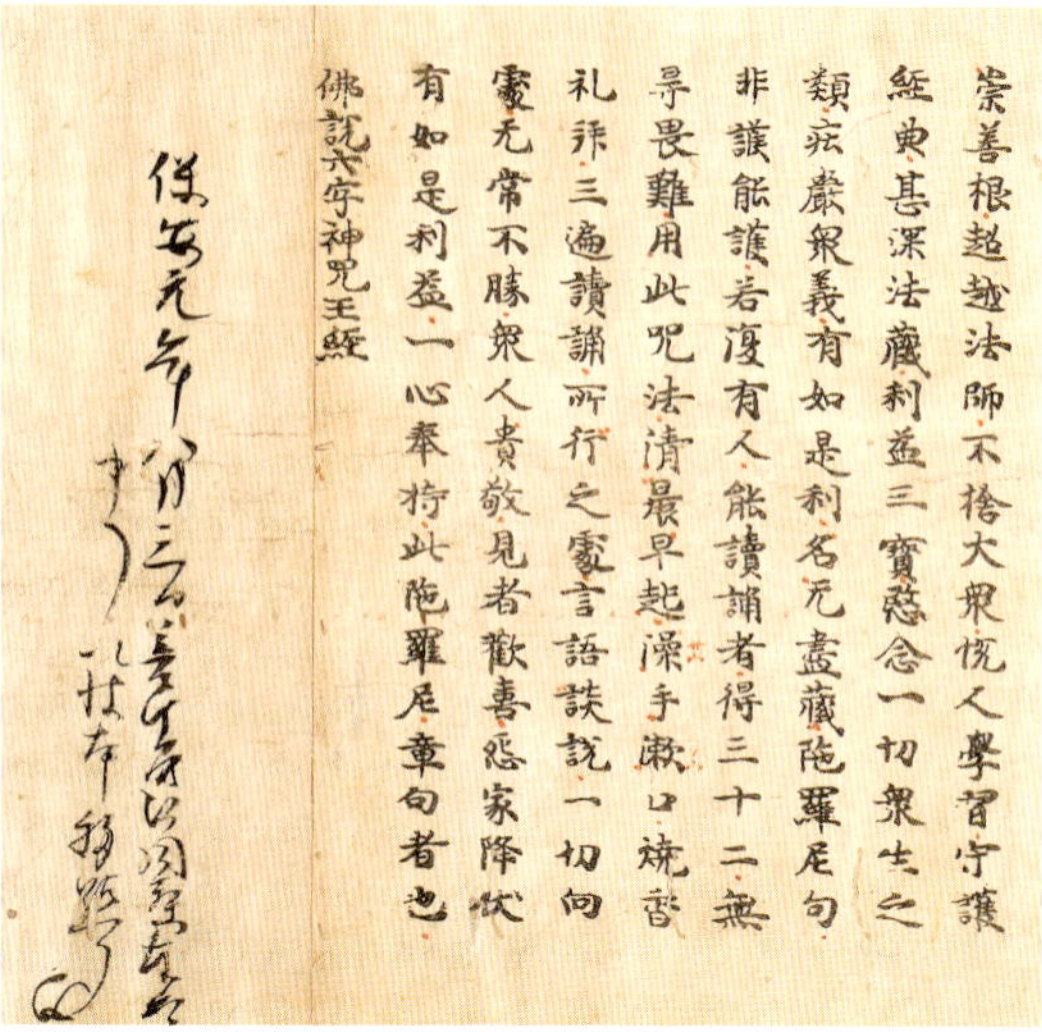

図19　平安時代後期刊『仏説六字神呪王経』(校倉一六函6号)巻尾

平安時代の木版刷りのお経としては古く珍しいものである。保安元年(1120)に他本を写した朱点の字音読みが加えられている。

どが代表的なものである。版経として平安時代の最も古いと思われる『仏説六字神呪王経』（一六函6号/図19）なども含まれている。さらに尊賢が指摘しているように、淳祐自筆の『胎蔵私記』（校倉附1号）も確かに存在する。特に注意すべきは、右の尊賢の記述でこの聖教が「石山寺経蔵」本であるとする点で、現存校倉聖教には多くのものに「石山寺経蔵」という黒印が押されている。

このようにして、文泉房朗澄が集めた事相関係の貴重書は、室町時代には「文泉坊密宗文庫」と呼ばれ、江戸時代には「事相聖教」と呼ばれて三〇函に整理されつつ伝承されて、今日の「校倉聖教」にいたったと考えられるのである。なお、調査の過程で、他の場所からも「石山寺経蔵」の黒印のあるものが少なからず発見された。現在はこれらを本来に戻す作業を行い、附函一函を加えて都合三一函一八九〇余件として一括管理されている。

深密蔵聖教

「深密蔵《じんみつぞう》聖教《しょうぎょう》」というのは大正年間に本経蔵を調査され『石山写経選』（大正一三年刊）を出版された大屋徳城氏が命名され今日におよんでいる都合一一一函の聖教群であるが、本来は石山寺境内に存立した諸院坊に伝来した聖教であった。これらの聖教を納めてある経函は江戸時代末期ないし明治初めにつくられたものと推定されており、その函の底裏にはもと所蔵されていた石山寺内の院坊名が墨書されたものがある。この院坊名には「密蔵院」（都合四五函）「法林院」（都合二八函）「明王院」（都合一五函）「円乗院」（都合五函）「宝性院」（一函）「湖月坊」（一函）が認められ、旧蔵の場所が知られる。ただし、現「深密蔵聖教」の聖教を個別的に見ていくと、旧蔵を示す印《いん》に、前記の五院一坊のほかに「持宝院」「世尊院」「吉祥院」「自性院」「岩本坊」「梅本坊」「東池坊」「多聞坊」「知足庵」という名称が存在するから、これら寺内院坊の各所から集められたものであったことになる。その他「石山寺経蔵」の黒印のあるものもあり、これらは前述の「校倉聖教」に属するものであったことが知られる。

本「深密蔵聖教」に納められている聖教は大部分が江戸時代のものであって、『一切経』「校倉聖教」とその質を異にする。最も古いものとしては平安時代承平八年（九二八）の書写奥書を持つ『北斗七星護摩秘要儀軌』（五八函8号）であるが、そのほかの平安時代の写経も二〇点ほどで多くはない。ただし注目されるのは、院政期のものがかなり見られる点で、この点は「校倉聖教」との共通点となる。即ち本「深密蔵聖教」の院政時代の写本は朗澄が関与した「校倉聖教」即ち「文泉坊密宗文庫」とも「事相聖教」とも称されたものと同じものであり、かつてそこから各院坊に借り出されたものであった可能性が考えられ、現に朗澄の奥書を有する写本が二〇点ほど混在しているのである。

以上の「校倉聖教」「深密蔵聖教」については、その詳しい書誌的目録と解説が末尾に付した『石山寺の研究　校倉聖教・古文書篇』および『石山寺の研究　深密蔵聖教篇』（上・下）として出版されている。

聖教の紙背に残るもの

既述の「(附)重書類」のところで少しふれたように、漢籍や古文書の紙背に聖教が書写されたものがある。現状では、国宝・重要文化財の指定にさいして、名称はその漢籍および古文書として登録されているが、本来これらは紙背聖教の方が表であった。紙の貴重な時代には不要になった紙の紙背もまた重要な再利用の方法であったのであって、これらの漢籍や古文書はまさにその再利用として聖教書写に利用され、聖教として石山寺の僧によって護持伝承されたために、偶然にも今日に伝えられることになったものである。

その紙背の方が本体であったという観点から先の「重書類」を見直すと次のようになる。

◎漢籍類の紙背聖教

『護摩科文六種《ごまかもんろくしゅ》』(『玉篇』(重書4)の紙背)

『金剛界念誦私記』(『漢書皇帝紀下・列伝第四残巻』(重書5)の紙背)

『金剛界次第』(淳祐自筆本か)(『史記巻第九十六・九十七残巻』(重書6)の紙背)

『四分戒本《しぶかいほん》』(『春秋経伝集解巻二十六残巻』(重書15)の紙背)

『聖无動尊大威怒王念誦儀軌《しょうむどうそんだいいぬおうねんじゅぎき》』(『春秋経伝集解巻第二十九残巻』(重書16)の紙背)

『不動明王立印儀軌修法次第《ふどうみょうおうりゅういんぎきしゅほうしだい》』(同右の紙背)

◎古文書類の紙背聖教

『悉曇十八章』(淳祐自筆本か)(『延暦交替式』(重書1)の紙背/図20)

『伝三昧耶戒私記《でんさんまやかいしき》』(『越中国官倉納穀交替記』(重書2)の紙背)

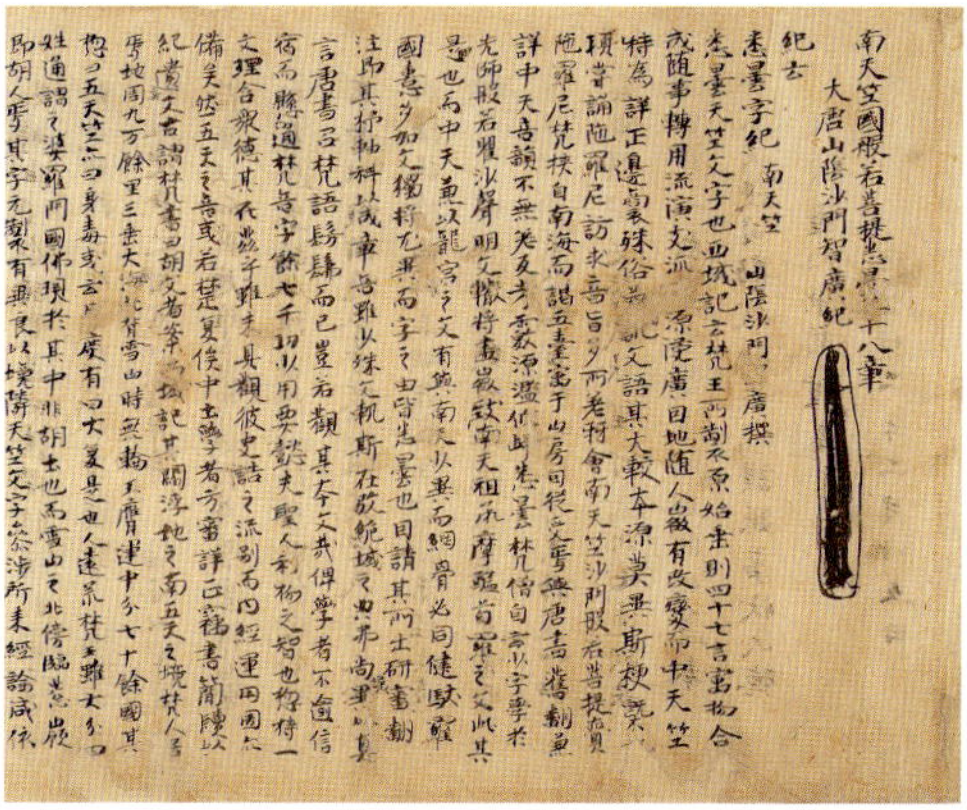

図20　平安時代中期淳祐写『悉曇十八章』（紙背『延暦交替式』（重書1）巻首
図14に掲げた『延暦交替式』の紙背を利用したもので、この悉曇章は唐の智広という僧がつくった『悉曇字記』という書をもとに天台宗の悉曇学者安然がつくったものをさらに淳祐が写したもの。

『金剛界入曼荼羅受三昧耶戒行儀』（『周防国玖珂郡玖珂郷延喜八年戸籍』（重書3）の紙背）

右のように、全て密教系の事相関係書であって、しかもその書写時は平安中期、ちょうど石山寺内供淳祐時代のものと思しく、現に『金剛界次第』『悉曇十八章』は淳祐自筆本と見なされるものである。この聖教書写の材料となった漢籍や古文書の出自については最早つまびらかにはしがたい。不要になった反古《ほご》の紙背を利用することは奈良時代から公文書の保存期間をすぎたものを官寺に払い下げて寺務の記録用に利用する例があり、右の古文書類のながれはそのようなものであった可能性もあろう。漢籍類については、あるいは、淳祐の生まれが菅原家という政治・学問の中枢に位置する名家であったことと関係しているのかも知れない。

そのほかにも、「一切経」「校倉聖教」「深密蔵聖教」それぞれに、まさに聖教の紙背文書として残されているものが数多くあるが、そのなかで古くから特に日本史や国語国文学史上で注目されてきた仮名文書として次の二件を最後に紹介しておくこととする。

○時鳥《ほととぎす》の願文《がんもん》（『伝法記』（一切経附182号）の紙背）（図21・22・23）

『伝法記』という仏教の中国への伝来を記した書物の紙背に一九通の文書が残っており、その一八番目の

図21・22・23　院政期写「時鳥願文」（『伝法記』（一切経附182号）紙背）と表の『伝法記』巻首・同巻尾

この文書は次のように解読できる。「御前の令㆑聞㆓時鳥之声㆒給也、能々可㆓祈念㆒之由只今遣㆑仰給也、且得㆓其御心㆒同可㆑令㆓祈念㆒申給候歟、六借く候事歟、但如㆑此事常事候歟、謹言」。

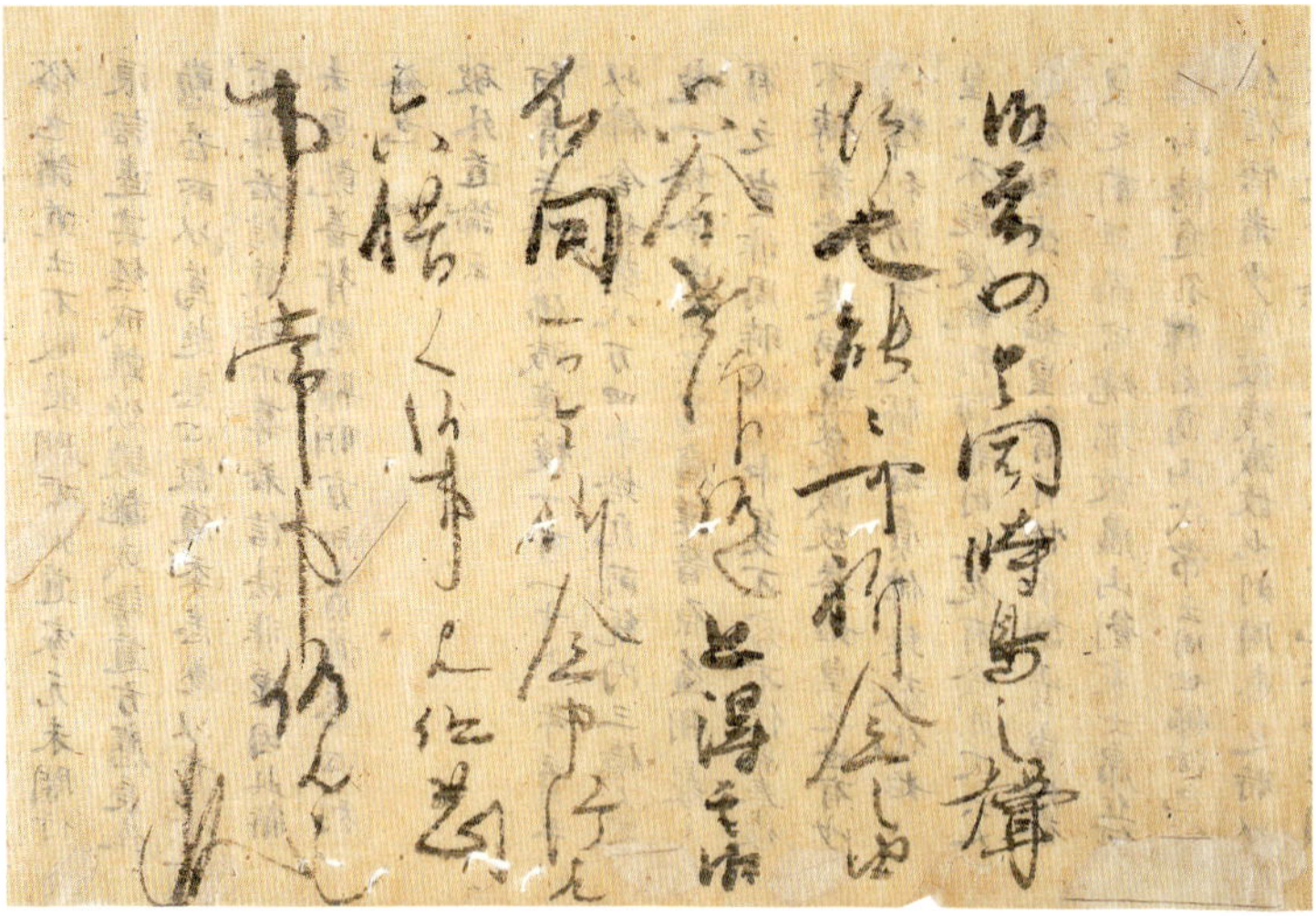

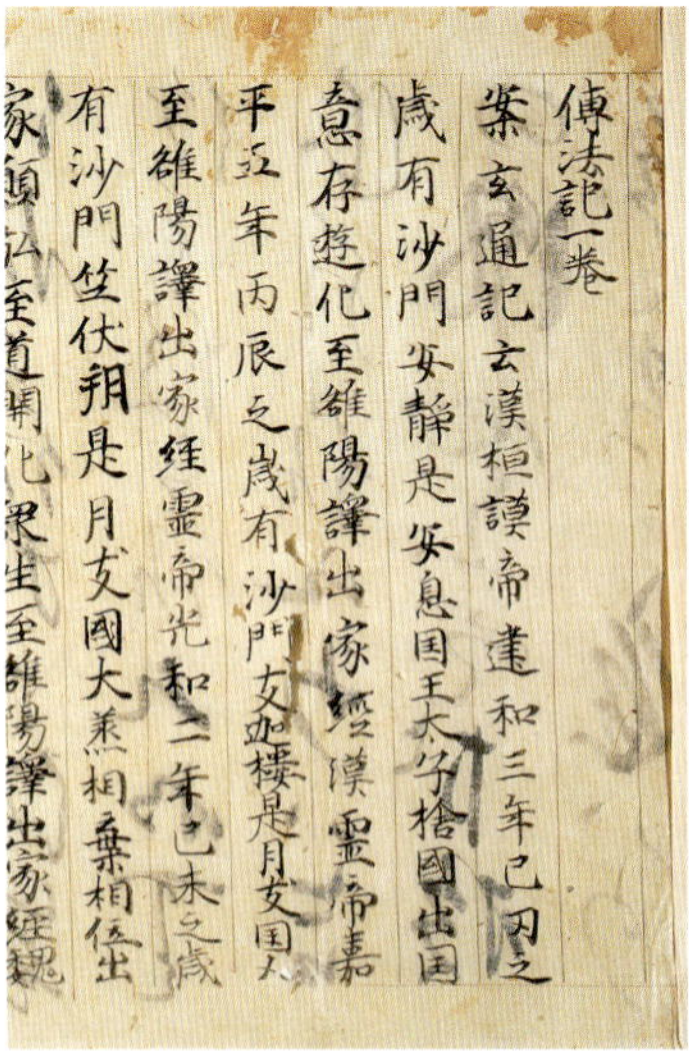

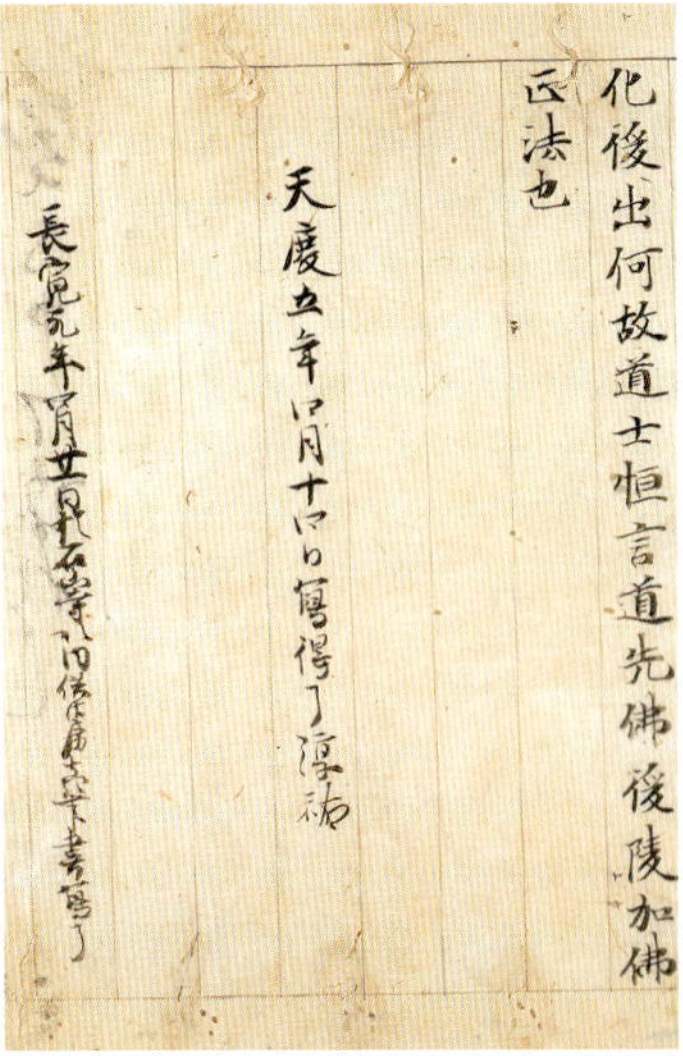

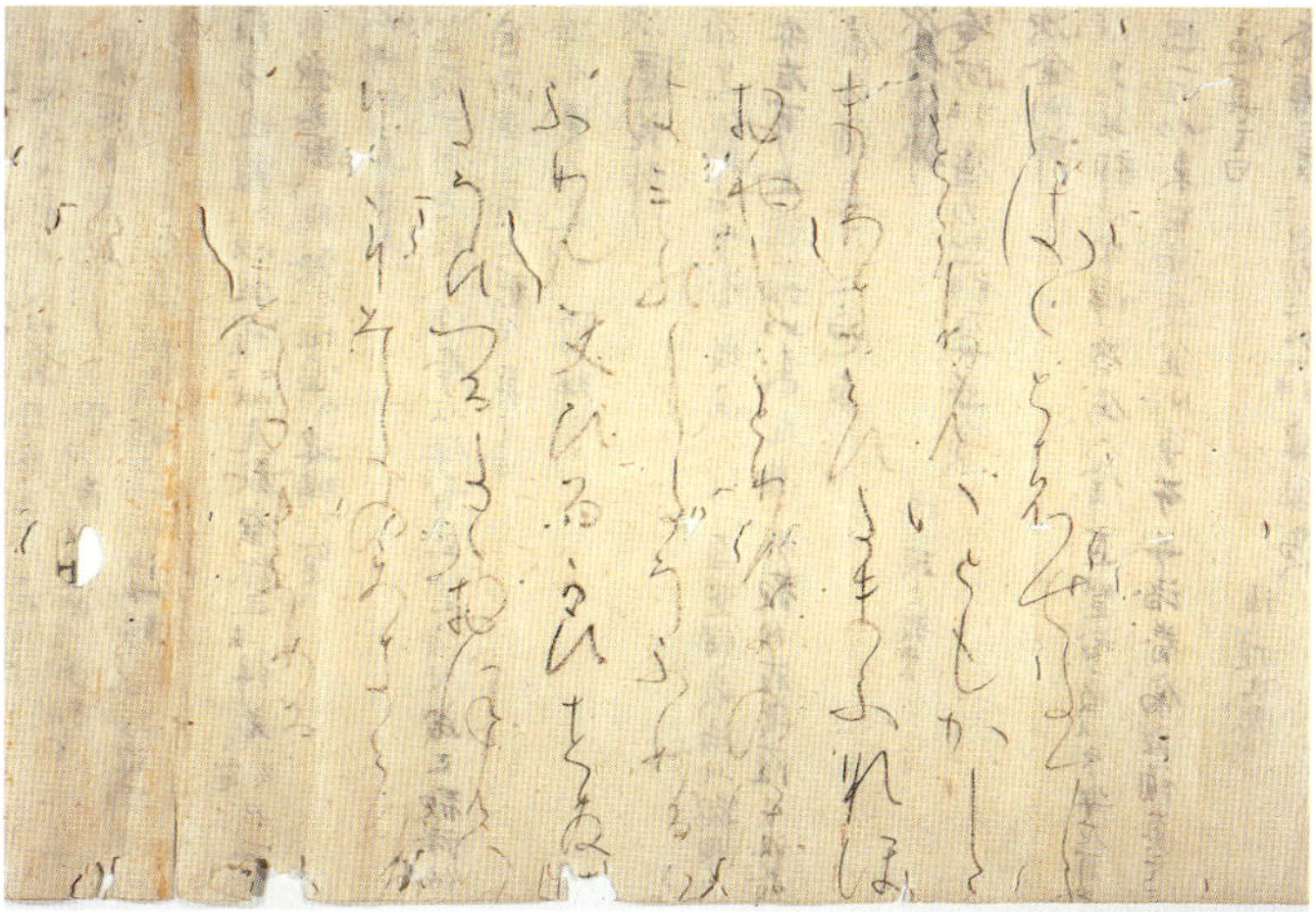

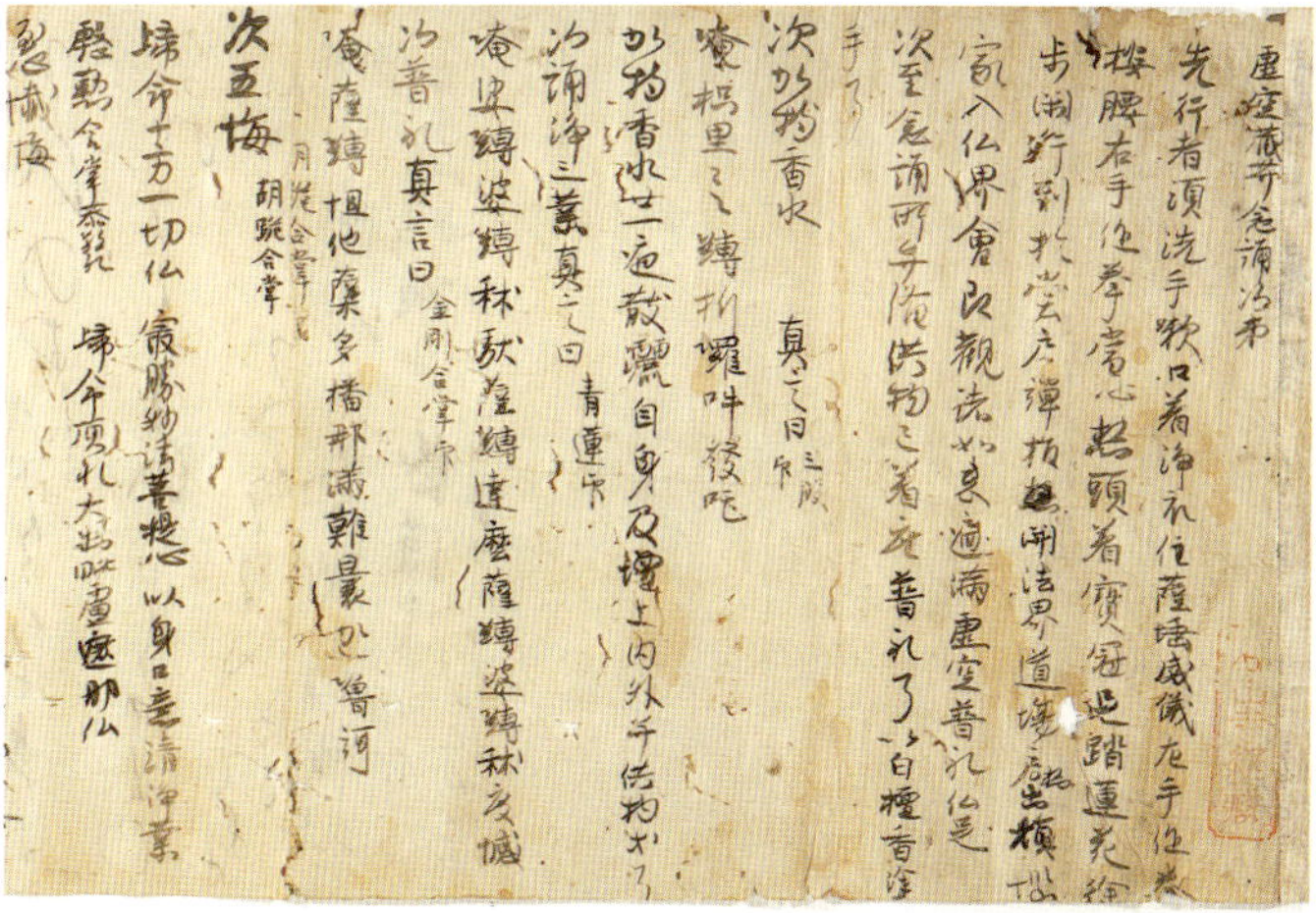

図24・25　平安時代中期写「仮名消息」（『虚空蔵菩薩念誦次第』（校倉聖教一八函102号）紙背）と表の『虚空蔵菩薩念誦次第』巻首

この消息は次のように解読できる。「しば〳〵とはせたまふ／ことをなんいともかしこ／まりきこ江たまふなほ／おやじことなんよのほど／はものしたうふめるけ／ふなん又ひるかひせさ□／たうびつるたゞおほんい□／りをぞたのみきこ江さ／せたまふめる」。

文書に付けられた通称である。『伝法記』には、「天慶五（九四二）年四月十四日寫得了淳祐」「長寛元（一一六三）年四月廿一日於二石山寺一以二内供御房真筆一書寫了」という二つの奥書があり、天慶五年の淳祐の写本を長寛元年に某が再転写した本である。この本の包紙に「奥書観祐」「裏ニ時鳥ノ願文アリ」などの書き込みがある。観祐は例の一切経勧進に努めた朗澄の師で、かなり古くから表の聖教は観祐筆として、裏の文書は「時鳥の願文」があるものとして、注目されてきたものである。これら一九通の文書の書写された時代は明確ではないが、観祐の時代、即ち院政期のものと見られ、この頃の荘園や石山寺に関する歴史資料として珍重されている。

○仮名消息《しょうそく》（『虚空蔵菩薩念誦次第』（校倉聖教一八函102号）の紙背）（図24・25）

『虚空蔵菩薩念誦次第《こくうぞうぼさつねんじゅしだい》』という密教の事相関係書の紙背に残されている文書のうち、平仮名で書かれた消息《しょうそく》（手紙）をいう。この次第はさまざまの文書反古の断片一八紙を貼り合わせてその紙背に書写されたもので、もとの文書も現状ではあちこちに張り合わされてバラバラになっている。これらの文書を復元していくと、大きく解文《げぶみ》（上中文書）・漢文消息・仮名消息の三類に分類でき、その仮名消息が特に我が国の書写年代のほぼ明確な平仮名資料の最古のものとして注目されてきているのである。即ちなかにある解文に「康保三年（九六六）三月五日」の年紀があって、全体がこの頃のものと考えられることになり、源氏物語成立以前の、平仮名がようやく自由に日本語表記の方式として解き放たれた時代の実態をうかがえる貴重な資料となるのである。

いまも続く史料調査

本章のはじめに簡単に紹介したが、石山寺文化財綜合調査団によって、聖教については校倉聖教の三〇箱から始まり、以後、一切経、淳祐内供筆聖教（薫聖教）、重書類、深密蔵聖教の調査が順次完了して、その詳しい書誌目録が研究篇を付して『石山寺の研究　一切経篇』『石山寺の研究　校倉聖教・古文書篇』『石山寺の研究　深密蔵聖教篇』（上・下）としてすでに公刊されている。そして現在はもと智足庵《ちそくあん》に所蔵されていた聖教類を中心に、その後の寺内の諸処から見出されたものを一括して「知足庵聖教」と呼称してその調査が続けられほぼ完了した。

智足庵とは尊賢僧正が晩年の隠退後に境内の宝性院の側に結んだ庵の名前で、含まれる聖教には種々のものが混じり、前記『一切経』「校倉聖教」と本来連れであったものが分かれ出たものもかなり含まれている。時代的にも平安朝のものから江戸時代のものまでが含まれ、なかには極めて貴重な学界未知の平安中期写本『悉曇章』（知足庵一四〇函1号）のような新出資料も含まれている。

別に、石山寺所蔵の重要な聖教類については『石山寺古経聚影』も調査団によって公刊されている。また、特に学術的に重要なものについては、以上の総合調査にもとづいた研究成果が影印・訓読・解説を付して『石山寺資料叢書』として刊行されている。第一期七冊が刊行完了し、引き続き同第二期に入り、その刊行のための研究が今も継続されている。

以上のように、石山寺所蔵の聖教の重要なものについては全貌がほぼ明らかになったが、この他に江戸時代の版本類が多量に所蔵されており、これらについてもなお調査が継続されつつある。

■参考文献■

[概説・一般書]

『石山寺』(石山寺、二〇〇二年)

野口武彦・鷲尾隆輝著『古寺巡礼近江2 石山寺』(淡交社、一九八〇年)

[図録・美術書]

『石山寺と紫式部』(石山寺、一九九〇年)

『石山寺縁起絵巻』(石山寺、一九九六年)

『紫式部と石山寺』(石山寺、二〇〇四年)

『石山寺の美』(石山寺・アートワン、二〇〇八年)

奈良国立博物館編『観音のみてら石山寺』(奈良国立博物館、二〇〇二年)

奈良国立博物館編『石山寺本尊如意輪観音像内納入品』(奈良国立博物館、二〇〇二年)

小松茂美編『日本の絵巻　石山寺縁起』(中央公論社、一九八八年)

鷲尾遍隆監修・中野幸一編『源氏物語画帖』(勉誠出版、二〇〇五年)

[石山寺文化財綜合調査団編の研究書]

『石山寺資料叢書　聖教篇一』(法蔵館、一九九九年)

『石山寺資料叢書　聖教篇二』(法蔵館、二〇〇〇年)

『石山寺資料叢書　聖教篇三』(法蔵館、二〇〇四年)

『石山寺資料叢書　史料篇一』(法蔵館、一九九六年)

『石山寺資料叢書　史料篇二』（法蔵館、二〇〇〇年）
『石山寺資料叢書　寺誌篇一』（法蔵館、二〇〇六年）
『石山寺資料叢書　文学篇一』（法蔵館、一九九六年）
『石山寺資料叢書　文学篇二』（法蔵館、一九九九年）
『石山寺資料叢書　近世文書集成』（法蔵館、二〇〇〇年）
『石山寺の研究　一切経篇』（法蔵館、一九七八年）
『石山寺の研究　校倉聖教・古文書篇』（法蔵館、一九八一年）
『石山寺の研究　深密蔵聖教篇』上・下（法蔵館、一九九一・二年）
『石山寺古経聚影』（法蔵館、一九八五年）

【その他の研究書・調査報告書】

『石山寺の古建築』（石山寺、二〇〇六年）
『国宝石山寺本堂修理工事報告書』（滋賀県、一九六一年）
『重要文化財石山寺鐘楼修理工事調査報告書』（滋賀県、一九五五年）
鷲尾遍隆監修・林屋辰三郎編『伝法記とその紙背文書』（法蔵館、一九九一年）
『日本建築史基礎資料集成』十二・塔婆Ⅱ（中央公論美術出版、一九九八）

石山寺略年表

天平一九	七四七	勅願により、聖武天皇の念持仏を安置した堂舎を良弁僧正が建立
天平宝字三	七五九	石山寺の西北に淳仁天皇により保良宮の造営が開始される
天平宝字五	七六一	造東大寺司の下に造石山寺所が設けられる
		本尊観世菩薩の造像に着手する
天平宝字六	七六二	このころ、堂舎が整備され十七棟が立ち並ぶ景観を示す
		本尊の彩色が終了
延暦二三	八〇四	常楽会（涅槃会）が近江国の租税を費用に充てて執り行われる
延喜一七	九一七	宇多法皇が参詣される
延喜二一	九二一	淳祐が師の観賢の随伴として高野山弘法大師廟へ登山
		（大師の衣の香気が淳祐の手に移ったとされ、「薫聖教」の由来となる）
天禄　元	九七〇	藤原道綱母が参詣する
長保　五	一〇〇三	和泉式部が参詣する
寛弘　元	一〇〇四	紫式部が七日間の参籠をし、八月十五日に源氏物語の着想を得たという
寛徳　二	一〇四五	菅原孝標女が参詣する
承暦　二	一〇七八	大火に見舞われ、本堂はじめ多くの堂舎が消失
永長　元	一〇九六	本堂が再建される

久安　四	一一四八	念西が『一切経』の収集書写事業を発願
文治年間	一一八五~九〇	朗澄によって『一切経』収集書写事業が完成
建久　元	一一九〇	東大門が建立される
建久　五	一一九四	多宝塔が建立される
正中年間	一三二四~二六	石山寺縁起絵巻の制作が企画され、絵詞が撰述される
建武　三	一三三六	足利尊氏軍が後醍醐天皇軍と戦い、軍兵により石山寺の寺庫が破られる
明応　六	一四九七	三条西実隆が『石山寺縁起絵巻』第四巻の詞書を書写
永正　三	一五〇六	現存最古の巡礼札が「武蔵国吉見住人道音」によって奉納される
元亀　四	一五七三	織田信長軍と足利義昭軍が石山で戦う
慶長　七	一六〇二	淀君によって礼堂が建てられる
明暦年間	一六五五~五八	「校倉聖教」の整理が行われる
天明七~寛政年間	一七八七~一八〇一	尊賢による『一切経』整備が行われる
文化　二	一八〇五	『石山寺縁起絵巻』巻六・七、谷文晁一門によって絵が描かれて完成、松平定信が跋文を書く
昭和四五~現在	一九七〇~	石山寺文化財綜合調査団による文化財の調査が開始される
平成一四	二〇〇二	石山寺開基一二五〇年を記念して本尊が開扉され、像内より小型厨子に入った四軀の仏像と水晶製五輪塔一基が発見される

■執筆者一覧■

綾 村　 宏（あやむら　ひろし）

1945年生．京都大学大学院文学研究科修了(国史学)．京都女子大学教授．

『東大寺文書を読む』（共編，思文閣出版，2001年）『法隆寺の至宝８　古記録古文書』（共編，小学館，1999年）『石山寺資料叢書　史料篇第一・第二』（共編，法蔵館，1996・2000年）

頼 富 本 宏（よりとみ　もとひろ）

1945年生．京都大学大学院文学研究科博士課程修了．種智院大学学長．

『密教仏の研究』（法蔵官，1990年）『曼荼羅の鑑賞基礎知識』（至文堂，1991年）『日本密教』（共編著，春秋社，2000年）

綾 村　 宏→別掲

宮 本 忠 雄（みやもと　ただお）

1945年生．同志社大学文学部(文化史学専攻)卒．滋賀県立琵琶湖文化館館長．

『日本古寺美術全集　延暦寺・園城寺と西教寺』（集英社，1980年，共著）『湖国の十一面観音』（岩波書店，1982年，共著）『仏教集成4　日本の仏像〈滋賀〉』（学生社，1987年，共著）

山 岸 常 人（やまぎし　つねと）

1952年生．東京大学大学院工学研究科修士課程修了．京都大学大学院工学研究科准教授．

『中世寺院社会と仏堂』（塙書房，1990年）『中世寺院の僧団・法会・文書』（東京大学出版会，2004年）『塔と仏堂の旅』（朝日新聞社，2005年）

奥 田　 勲（おくだ　いさお）

1936年生．東京大学大学院卒．聖心女子大学名誉教授．

『連歌師――その行動と文学――』（評論社，1976年）『明恵――遍歴と夢』（東京大学出版会，1978年）『宗祇』（吉川弘文館，1998年）

沼 本 克 明（ぬもと　かつあき）

1943年生．広島大学大学院(国語国文学専攻)卒．安田女子大学教授・広島大学名誉教授．

『平安鎌倉時代に於る日本漢字音に就ての研究』（武蔵野書院，1982年）『日本漢字音の歴史的研究――体系と表記をめぐって――』（汲古書院，1997年）

■協力者一覧■

株式会社 アートワン
石山寺フォトライブラリー・メカタ
滋賀県教育委員会文化財保護課
滋賀県立琵琶湖文化館
寿福 滋
佃 幹雄
大本山 中山寺
奈良文化財研究所
奈良国立博物館

■装丁・レイアウト■

株式会社 トーヨー企画

石山寺《いしやまでら》の信仰《しんこう》と歴史《れきし》

2008(平成20)年3月31日発行

定価：本体1,800円(税別)

監 修 鷲尾遍隆
編 者 綾村 宏
発行者 田中周二
発行所 株式会社 思文閣出版
〒606-8203 京都市左京区田中関田町2-7
電話 075-751-1781(代表)

印 刷
製 本 株式会社 図書印刷 同朋舎

© Printed in Japan
ISBN978-4-7842-1387-0 C1021